Andreas Frodl

# Controlling im Gesundheitsbetrieb

Andreas Frodl

# Controlling im Gesundheitsbetrieb

## Betriebswirtschaft für das Gesundheitswesen

Bibliografische Information der Deutschen Nationalbibliothek
Die Deutsche Nationalbibliothek verzeichnet diese Publikation in der Deutschen Nationalbibliografie; detaillierte bibliografische Daten sind im Internet über <http://dnb.d-nb.de> abrufbar.

1. Auflage 2012



Lektorat: Guido Notthoff

Gabler Verlag ist eine Marke von Springer Fachmedien.
Springer Fachmedien ist Teil der Fachverlagsgruppe Springer Science+Business Media.
www.gabler.de

Umschlaggestaltung: KünkelLopka Medienentwicklung, Heidelberg
Gedruckt auf säurefreiem und chlorfrei gebleichtem Papier
Printed in Germany

ISBN 978-3-8349-3362-1

# Vorwort

Das betriebliche Geschehen im Gesundheitsbetrieb verlangt nach Planung, die mehr bedeutet als nur die Fortschreibung von Gegenwart oder Vergangenheit. Sie zwingt dazu, sich im Gesundheitsbetrieb Ziele zu setzen, sie zu formulieren und als Leistungsanreize vorzugeben. Ohne eine Kontrolle der Einhaltung dieser Vorgabewerte ist die Planung wirkungslos. Die Kontrolle benötigt Vorgaben, Entscheidungsregeln für die Bewertung der Ausführung sowie für die Korrekturmaßnahmen. Sie soll Fehler bei der Planung oder Aufgabendurchführung im Gesundheitsbetrieb erkennen und Verbesserungsmöglichkeiten aufzeigen. Die Koordination von Planung und Kontrolle mit der Steuerung der Informationsversorgung wird im Gesundheitsbetrieb durch das Controlling wahrgenommen. Es besteht somit nicht nur aus der Tätigkeit des Kontrollierens und der Wahrnehmung von Kontrollfunktionen im laufenden betrieblichen Geschehen. Das Controlling im Gesundheitsbetrieb hat als Aufgabe, die betrieblichen Entscheidungsträger mit Informationen zu versorgen, die für die Planung, Steuerung und Kontrolle des Gesundheitsbetriebs erforderlich sind. Eng verbunden mit dem Controlling ist das Risikomanagement des Gesundheitsbetriebs. Hierfür sind die erforderlichen Kontrollmechanismen in die betriebliche Abläufe zu integrieren.

Das vorliegende Buch befasst sich daher zunächst mit den Grundlagen des Controllings für den Gesundheitsbetrieb, der strategischen und operativen Planung, Zielfindung und Strategieentwicklung, weist auf die Problematik medizinischer Entscheidungsfindung und besondere Entscheidungssituationen im Gesundheitsbetrieb hin und zeigt geeignete Controllinginstrumente zur Steuerung des Gesundheitsbetrieb auf. Mit den inner- und außerbetrieblichen Kontrolleinrichtungen und der medizinischen und pflegerischen Qualitätskontrolle werden ebenso Besonderheiten des Gesundheitsbetriebs behandelt, wie bei der Darstellung gesundheitsbetrieblicher Schutzziele und Risikomanagementsysteme. Für die Vertiefung des einen oder anderen Verfahrens stehen am Ende des Buches Literaturhinweise zur Verfügung.

Die Quellenangaben und Literaturhinweise wurden am Ende des Buches zusammengefasst, sodass zugunsten eines vereinfachten Lesens dadurch auf zahlreiche Fußnoten verzichtet werden konnte.

Nicht immer lässt sich das im Buch Dargestellte vollständig auf eine bestimmte Situation in einer Arztpraxis oder Klinik übertragen, denn die mangelnde Vergleichbarkeit von Dienstleistungsunternehmen, Werkstattbetrieben oder Industriekonzernen selbst innerhalb einer Branche trifft im Grundsatz natürlich auch auf Gesundheitsbetriebe zu. Mit mehr als 100 Beispielen, Abbildungen, Tabellen wurde dennoch versucht, die jeweilige Relevanz zu belegen.

Die Leserinnen mögen mir nachsehen, dass aufgrund der einfacheren Lesbarkeit durchgängig maskuline Berufsbezeichnungen verwendet wurden.

Erding, im September 2011 Andreas Frodl

# Inhaltsverzeichnis

# Abkürzungsverzeichnis

| | |
|---|---|
| ÄZQ | Ärztliches Zentrum für Qualität in der Medizin |
| AG | Aktiengesellschaft |
| AG MedCo | Arbeitsgruppe Medizin-Controlling |
| AktG | Aktiengesetz |
| ArbSchG | Arbeitsschutzgesetz |
| ArbStättV | Arbeitsstättenverordnung |
| | |
| BÄK | Bundesärztekammer |
| BaFin | Bundesanstalt für Finanzdienstleistungsaufsicht |
| BBK | Bundesamt für Bevölkerungsschutz und Katastrophenhilfe |
| BGW | Berufsgenossenschaft für Gesundheitsdienst und Wohlfahrtspflege |
| BioStoffV | Biostoffverordnung |
| BMG | Bundesministerium für Gesundheit |
| BPR | Business Process Redesign |
| BWA | Betriebswirtschaftliche Auswertungen |
| BWL | Betriebswirtschaftslehre |
| | |
| CIRS | Critical Incident Reporting-System |
| CM | Case Mix |

| | |
|---|---|
| CMI | Case Mix Index |
| CW | Cost Weight |
| DEKV | Deutscher Evangelischer Krankenhausverband |
| DGFM | Deutsche Gesellschaft für Medizincontrolling |
| DIMDI | Deutsches Institut für Medizinische Dokumentation und Information |
| DKG | Deutsche Krankenhausgesellschaft e.V. |
| DKI | Deutsches Krankenhaus Institut |
| DRG | Diagnosis Related Groups |
| FPV | Fallpauschalenvereinbarung |
| FTE | Full Time Equivalents |
| FZ | Fehlzeiten |
| GBA | Gemeinsamer Bundesausschuss |
| GefStoffV | Gefahrstoffverordnung |
| GenTSV | Gentechnik-Sicherheitsverordnung |
| GMDS | Deutsche Gesellschaft für medizinische Informatik, Biometrie und Epidemiologie |
| GUV | Gesetzliche Unfallversicherung |
| HGB | Handelsgesetzbuch |

| | |
|---|---|
| ICD-10 | International Statistical Classification of Diseases and Related Health Problems |
| i.e.S. | im engeren Sinne |
| InEK | Institut für das Entgeltsystem im Krankenhaus |
| KBV | Kassenärztliche Bundesvereinigung |
| KDA | Kuratorium Deutsche Altershilfe |
| KDR | Kodierrichtlinien |
| KGaA | Kommanditgesellschaft auf Aktien |
| KhBauVO | Krankenhausbauverordnung |
| KIS | Krankenhausinformationssystem |
| KKVD | Katholischer Krankenhausverband Deutschland |
| KonTraG | Gesetz zur Kontrolle und Transparenz im Unternehmensbereich |
| KZV | Kassenzahnärztliche Vereinigung |
| MaRisk | Mindestanforderungen an das Risikomanagement |
| MC | Medizincontrolling |
| MDK | Medizinischer Dienst der Krankenversicherung |
| MedDok | Medizinische Dokumentation |
| MuSchG | Mutterschutzgesetz |
| OPS | Operationen- und Prozedurenschlüssel |

| | |
|---|---|
| PCCL | Patient Clinical Complexity Level |
| PET | Positronen-Emissions-Tomograph |
| PT | Personentage |
| QM | Qualitätsmanagement |
| RöV | Röntgenverordnung |
| SchwbG | Schwerbehindertengesetz |
| SGB | Sozialgesetzbuch |
| StrlSchV | Strahlenschutzverordnung |
| TRBA | Technische Regeln für Biologische Arbeitsstoffe |
| TRGS | Technische Regeln für Gefahrstoffe |
| VZK | Vollzeitkapazitäten |
| WHO | World Health Organization |

# 1 Grundlagen

## 1.1 Einordnung der Logistik und des Qualitätsmanagements in die Gesundheitsbetriebslehre

Die **Gesundheitsbetriebslehre** ist vergleichbar mit der Industriebetriebslehre, Handelsbetriebslehre oder Bankbetriebslehre: Sie befasst sich mit einer speziellen Betriebsart, den Gesundheitsbetrieben. Sie geht davon aus, dass die Ressourcen für einen Gesundheitsbetrieb begrenzt sind und daher einen ökonomischen Umgang mit den knappen Mitteln erfordern: Finanzielle Ressourcen, Kapital, Finanzierungsmöglichkeiten aber auch Personal oder Behandlungseinrichtungen stehen in jeder medizinischen Einrichtung nicht in beliebiger Menge zur Verfügung. Es gilt sie so einzusetzen, dass sie den größtmöglichen Nutzen stiften.

Der **Gesundheitsbetrieb** lässt sich dabei als in sich geschlossene Leistungseinheit zur Erstellung von Behandlungs- oder Pflegeleistungen an Patienten oder Pflegebedürftigen ansehen, die dazu eine Kombination von Behandlungseinrichtungen, medizinischen Produkten und Arbeitskräften einsetzt. Zum Einsatz können auch Betriebsmittel, Stoffe und sonstige Ressourcen gelangen, die nur mittelbar zur Erstellung der Behandlungs- oder Pflegeleistungen beitragen.

Arztpraxen, Zahnarztpraxen, Pflegeeinrichtungen, heilpraktische Einrichtungen, Krankenhäuser etc. lassen sich somit eindeutig als Gesundheitsbetriebe identifizieren. Sonstige Einrichtungen des Gesundheitswesens wie Krankenkassen, kassenärztliche Vereinigungen oder pharmazeutische Unternehmen zählen hingegen nicht dazu. Als Grenzfälle können beispielsweise Apotheken angesehen werden, da sie eher in der Arzneimitteldistribution anzusiedeln sind und selten Leistungen direkt am Patienten erbringen. Eine Krankenhausapotheke kann hingegen durch die Herstellung individueller medizinischer Produkte genauso wie eine orthopädische Werkstatt direkt in einen Krankenhausbetrieb integriert sein. Das gilt beispielsweise auch für ein in einer Zahnarztpraxis befindliches Dentallabor.

Als Beispiel für eine Auflistung von Gesundheitsbetrieben kann der Geltungsbereich der *Richtlinie über die ordnungsgemäße Entsorgung von Abfällen aus Einrichtungen des Gesundheitsdienstes* (Stand: Januar 2002) des *Robert-Koch-Instituts (RKI)*, Berlin, angesehen werden, in der folgende Einrichtungen genannt sind:

- Krankenhäuser einschließlich entsprechender Einrichtungen in Justizvollzugsanstalten und Sonderkrankenhäuser,
- Dialysestationen und -zentren außerhalb von Krankenhäusern und Arztpraxen einschließlich der Heimdialyseplätze,
- Vorsorge- und Rehabilitationseinrichtungen, Sanatorien und Kurheime,
- Pflege- und Krankenheime bzw. -stationen, einschließlich Gemeinde- und Krankenpflegestationen,
- Einrichtungen für das ambulante Operieren,
- Arztpraxen und Zahnarztpraxen,
- Praxen der Heilpraktiker und physikalischen Therapie.

Die Gesundheitsbetriebe lassen sich ferner nach unterschiedlichen Merkmalen in folgende Arten einteilen (siehe **Tabelle 1.1**):

**Tabelle 1.1** Typologie von Gesundheitsbetrieben.

| Merkmale | Betriebsarten | Beispiele |
|---|---|---|
| Größe | Kleinbetriebe, Großbetriebe | Arztpraxis, Polyklinik |
| Rechtsform | Betriebe in öffentlicher Rechtsform, als Personen- oder Kapitalgesellschaft | Landkreisklinik als Eigenbetrieb, Gemeinschaftspraxis, Klinikum AG |

| Merkmale | Betriebsarten | Beispiele |
|---|---|---|
| Leistungsumfang | Betriebe mit ambulanter Versorgung, Betriebe mit stationärer Versorgung | Tagesklinik, Tagespflege, Krankenhaus mit verschiedenen Abteilungen bzw. Stationen |
| Leistungsart | Betriebe für medizinische Grundversorgung, Vollversorgung | Hausarztpraxis, Pflegedienst, stationäre Pflegeeinrichtung |
| Spezialisierungsgrad | Betriebe für allgemeine Behandlungsleistungen; Betriebe für spezielle Behandlungsleistungen | Allgemeinarztpraxis, HNO-Praxis, Kieferorthopädische Praxis, Augenklinik |
| Einsatzfaktoren | Arbeitsintensive Betriebe, anlagenintensive Betriebe | Pflegeeinrichtung, Diagnosezentrum, Röntgenpraxis |

Die einzelnen Betriebsarten oder -typologien sind nicht immer eindeutig voneinander abgrenzbar: Häufig bieten beispielsweise Spezialkliniken ambulante und stationäre Behandlungsleistungen gleichzeitig an und ein städtisches Klinikum der Vollversorgung wird in der Regel sowohl arbeits- als auch anlagenintensiv betrieben. Ein Blick auf die Anzahl ausgewählter Gesundheitsbetriebe macht deutlich, welche Bedeutung sie für die betriebliche Landschaft Deutschlands haben (siehe **Tabelle 1.2**).

**Tabelle 1.2** Anzahl ausgewählter Gesundheitsbetriebe in Deutschland im Jahre 2007.

| Betriebe | Anzahl | Mitarbeiter |
|---|---|---|
| Krankenhäuser | 2.087 | 1.075.000 |
| Vorsorge- oder Rehabilitationseinrichtungen | 1.239 | 159.000 |
| Arztpraxen | 125.745 | 662.000 |
| Zahnarztpraxen | 46.178 | 336.000 |

| Betriebe | Anzahl | Mitarbeiter |
|---|---|---|
| Pflegedienste ambulant | 11.529 | 236.162 |
| Pflegeeinrichtungen stationär | 11.029 | 573.545 |

**Quelle: Statistisches Bundesamt**

Zählt man die statistisch kaum erfassten und daher in **Tabelle 1.2** nicht aufgeführten Betriebe von Beschäftigungs- und Arbeitstherapeuten, Hebammen/Geburtshelfern, Heilpraktikern Masseuren, Medizinische Bademeistern, Krankengymnasten, Psychotherapeuten etc. hinzu, kommt man auf über 200.000 Einrichtungen mit mehr als 3.000.000 Mitarbeitern.

Der Gesamtumsatz aller Gesundheitsbetriebe lässt sich am ehesten anhand der Gesundheitsausgaben aller Ausgabenträger (öffentliche Haushalte, private Haushalte, gesetzliche und private Kranken- und Pflegeversicherung usw.) ermessen, die nach Angaben des *Statistischen Bundesamtes* 2009 über 278 Milliarden Euro betragen haben.

Die Gesundheitsbetriebslehre übernimmt die Perspektive eines einzelnen Gesundheitsbetriebs. Ihre Ziele liegen dabei nicht nur die Beschreibung und Erklärung betriebswirtschaftlicher Sachverhalte und Phänomene, sondern auch in der konkreten Unterstützung der betrieblichen Entscheidungsprozesse.

Sie versucht dabei, betriebliche Sachverhalte zu erläutern, Zusammenhänge zu erklären und mithilfe des Aufzeigens von Handlungsalternativen und deren Bewertung Gestaltungsempfehlungen zu geben.

Berücksichtigt werden dabei verschiedene Einsatzfaktoren, die unmittel oder mittelbar zum Erstellungsprozess von Gesundheitsleistungen beitragen, wie beispielsweise:

- die menschliche Arbeitsleistung am Patienten,
- der Einsatz von medizintechnischen und sonstigen Betriebsmitteln,
- die Verwendung von medikamentösen, medizinischen, pharmazeutischen Heilmitteln und sonstigen Stoffen.

Neben diesen Elementarfaktoren gibt es *dispositive* Faktoren (Arbeitsleistungen im Bereich von Leitung, Planung, Organisation Kontrolle usw.) oder weitere Faktoren, die beispielsweise als

- Leistungen von Dritten,
- immaterielle Leistungen (Rechte, Informationen usw.),
- Zusatzleistungen

in den Leistungserstellungsprozess eingehen.

Insofern muss die Gesundheitsbetriebslehre versuchen, auch in ihrer Bandbreite das betriebswirtschaftliche Geschehen möglichst vollständig zu erfassen. Sie erstreckt sich daher neben Teilgebieten, wie beispielsweise Planung, Finanzierung, Personal, Marketing, Kostenmanagement, Information, Logistik und Qualitätsmanagement, auch auf das gesundheitsbetriebliche Controlling. Dessen Aufgabe besteht darin, den Gesundheitsbetrieb mit Informationen zu versorgen, die für seine Planung, Steuerung und Kontrolle erforderlich sind. Insofern setzt das Controlling eine planungs- und zielorientierte Führung des Gesundheitsbetriebs voraus, der seine Ziele im Rahmen der betrieblichen Planung festlegt. Zusätzlichen personellen Führungscharakter erlangt das Controlling dann, wenn es auf der Grundlage von Zielvereinbarungen mit den Mitarbeitern zugleich als Personalführungsinstrument eingesetzt wird.

## 1.2 Gegenstand der gesundheitsbetrieblichen Steuerungsfunktionen

Nicht zuletzt aufgrund der gesundheitspolitischen Entwicklungen hat sich der Gesundheitsmarkt erheblich gewandelt. Damit geht auch eine Veränderung der Ziele und der Controllingaufgaben der Gesundheitsbetriebe einher, denn die Positionierung in einem verschärften Wettbewerb und die richtige strategische Ausrichtung des Gesundheitsbetriebs machen zunehmend eine Unterstützung in Fragen der Planung, Steuerung und Kontrolle erforderlich. Da insbesondere langfristige Zielsetzungen von Risiken, Unsicherheiten und Komplexität geprägt sind, ist es wichtig, auf veränderte Situationen vorbereitet zu sein, sich darauf einstellen und die notwendigen strategische Weichenstellung vornehmen zu können. Dazu bedarf es geeigneter Methoden und Instrumente, um die Entscheidungsfindung zu unterstützen, die Strategieentwicklung erfolgreich zu begleiten und die notwendigen Strukturanpassungen vornehmen zu können.

Diese hauptsächlichen Aufgabenfelder des Controllings in Gesundheitsbetrieben werden durch zahlreiche Einzelaufgaben ausgefüllt und ergänzt:

Nach Angaben von *H. Diemer* vom *Universitätsklinikum Tübingen* liegen die Haupttätigkeiten eines *Medizincontrollers* in den Bereichen

- DRG-System,
- MDK-Verfahren,
- Informationstechnologie,
- Kodierprozess,
- Medizin,
- Budgetverhandlungen,
- Berichtswesen,
- Führung Kodierfachkräfte,
- Projekte,
- Qualitätsmanagement,
- BWL und
- Leistungsplanung.

Das Controlling überwacht die Prozess-, Struktur- und Ergebnisqualität der Leistungserstellung im Gesundheitsbetrieb. Ziele sind in diesem Zusammenhang eine erhöhte Transparenz, Kostenoptimierung und Wirtschaftlichkeit. Es dient häufig als Schnittstelle zwischen den medizinischen, pflegerischen und administrativen Bereichen des Gesundheitsbetriebs, um die medizinische und die ökonomische Sichtweise der Patientenbehandlung zusammenzuführen. (siehe **Tabelle 1.3**)

**Tabelle 1.3** Aufgabenschwerpunkte im Medizincontrolling.

| Aufgabenbereiche | Einzelaufgaben |
|---|---|
| Dokumentation- und Kodierqualität | Überprüfung und Optimierung der Medizinischen Dokumentation (MeDok) |
| | Statusnetzpflege |
| | Plausibilitätsprüfung der Leistungserfassung |
| | Direkter Support des Gesundheitsbetriebs |
| Datenanalyse und Berichtswesen | Monatlicher DRG-Bericht mit Detailauswertungen für die Fachabteilungen |
| | Sonderauswertungen |
| | Rechtliche Meldepflichten |
| Schnittstellenmanagement-Support der verschiedenen Bereiche | Fachabteilungen |
| | EDV-Abteilung |
| | Patientenverwaltung/Patientenabrechnung |
| | Finanzcontrolling |
| | Leitung des Gesundheitsbetriebs |
| | Finanzbuchhaltung |
| Wissensmanagement / Informationsmanagement | Vorträge/Infoveranstaltungen/Schulungen (insb. DRG-System) |
| | DRG-Intranetseite |
| | Handbücher/Kodierfibeln/Empfehlungen für die einzelnen Fachabteilungen |
| | Informationssammlung/interne Fortbildung (z.B. Rechtssprechungen, Fachpuplikationen, amtliche Mitteilungen) |

| Aufgabenbereiche | Einzelaufgaben |
|---|---|
| DRG-System extern | Koordinationsaufgaben |
| | Benchmarking |
| | Verbundaufgaben |
| | Kalkulation und Vorschlagsverfahren beim InEK |
| Öffentlichkeitsarbeit | Externe Schulungen |
| | Publikationen |
| Zentrale Bearbeitung von Kassen- und MDK-Anfragen | |
| Fachabteilungsübergreifendes Projektmanagement | |
| Externe Qualitätssicherung | |
| Betreuung von Praktikanten und Studenten | |

**Quelle: In Anlehnung an die Aufgabenschwerpunkte der Stabsstelle QM/MC im Bereich Medizincontrolling des *Universitätsklinikums Heidelberg*.**

Die erfolgreiche wirtschaftliche Steuerung eines Gesundheitsbetriebs zwingt dazu, sich Ziele zu setzen, sie als Leistungsanreize vorzugeben und ihr Erreichen zu kontrollieren, da ohne eine Kontrolle der Einhaltung dieser Vorgabewerte die Planung wirkungslos ist. Die Kontrolle benötigt Vorgaben, Entscheidungsregeln für die Bewertung der Ausführung sowie für die Korrekturmaßnahmen. Sie soll Fehler bei der Planung oder Aufgabendurchführung im Gesundheitsbetrieb erkennen und Verbesserungsmöglichkeiten aufzeigen. Die Koordination von Planung und Kontrolle mit der Steuerung der Informationsversorgung wird vom Controlling wahrgenommen, dessen Aufgabe es ist, die Leitung des Betriebs mit Informationen zu versorgen, die für die Planung, Steuerung und Kontrolle erforderlich sind (siehe **Abbildung 1.1**).

**Abbildung 1.1** Aufgaben des Controllings im Gesundheitsbetrieb.

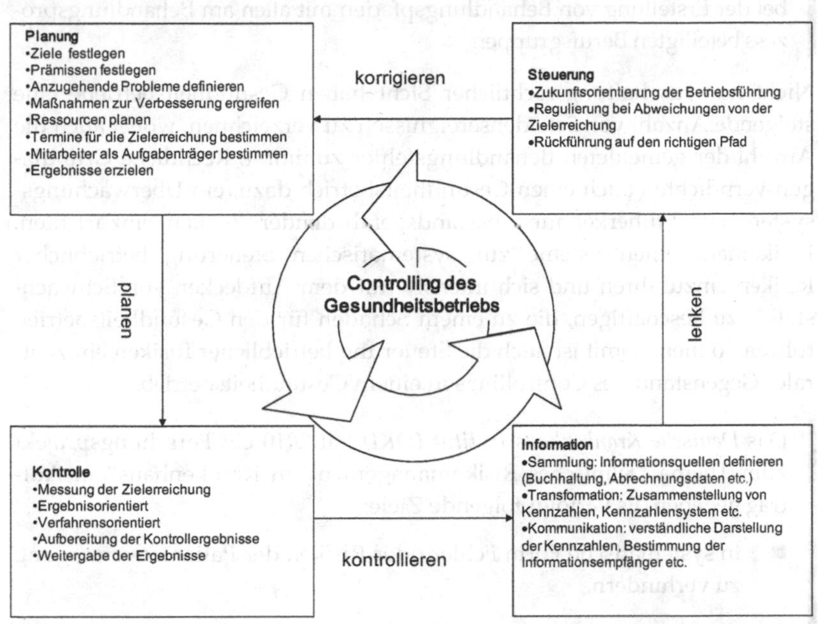


Nach Angaben der Controllingleitung im *Stiftungsklinikum Mittelrhein*, Koblenz, ist eine sinnvolle Verbindung des betriebswirtschaftlichen Controllings mit medizinischen Kenntnissen für die Bereitstellung von Daten und Informationen für die Krankenhausführung unerlässlich. Als sich hieraus ergebende Aufgaben werden unter anderem angesehen die Analyse von medizinischen Daten ((Diagnosen/Leistungen), die Überprüfung der Kodierung (Dokumentation von Diagnosen und Prozeduren, die für eine DRG-Zuordnung entscheidend sind) und damit Unterstützung bei der Erlössicherung, Durchführung von Schulungsmaßnahmen, mit den Themenschwerpunkten Kodierung, DRG-System und Abrechnungsregeln, Bereitstellung, Kommunikation und Analyse von Benchmarkingdaten, die Unterstützung bei der Weiterentwicklung und Verbesserung von Ablaufprozessen zwischen den Bereichen Medizin, Pflege und Verwaltung, die Mitwirkung bei der Entwicklung von neuen Leistungsfeldern in medizinischen Bereichen, die gemeinsame Leistungsplanung mit den Kliniken als Bestandteil zur Vorbereitung der Budgetverhandlung, sowie die Mitarbeit bei der Erstellung von Behandlungspfaden mit allen am Behandlungsprozess beteiligten Berufsgruppen.

Nicht nur aus haftungsrechtlicher Sicht haben Gesundheitsbetriebe eine steigende Anzahl von Schadensereignissen zu verzeichnen, wobei auch die Anzahl der gemeldeten Behandlungsfehler zunimmt. Rechtliche Grundlagen verpflichten auch einen Gesundheitsbetrieb dazu, ein Überwachungssystem zur Früherkennung bestandsgefährdender Risiken einzurichten, Risikomanagementsysteme zur systematischen Steuerung betrieblicher Risiken einzuführen und sich intensiv mit dem Aufdecken von Schwachstellen zu beschäftigen, die zu einem Schaden für den Gesundheitsbetrieb führen können. Somit ist auch die Steuerung betrieblicher Risiken ein zentraler Gegenstand des Controllings in einem Gesundheitsbetrieb.

Das *Deutsche Krankenhaus Institut (DKI)* hat 2010 ein Forschungsprojekt zum Thema „Klinisches Risikomanagement im Krankenhaus" in Auftrag gegeben. Es verfolgt folgende Ziele:

- in systematische Form Fehler oder Risiken der Patientenversorgung zu verhindern,
- die Patientensicherheit zu erhöhen und
- die Haftungsrisiken des Krankenhauses zu reduzieren.
- Weitere Schwerpunkte des Forschungsprojekts sind:
- „Strategien und Ziele des klinischen Risikomanagements,
- Strukturen des klinischen Risikomanagements,
- Nutzung externer Unterstützung und Beratung beim klinischen Risikomanagement,
- Methoden der Risikoinformationssammlung, speziell CIRS,
- Verfahren der Analyse vom klinischen Risiken,
- Verbesserungs- und Fortbildungsbedarf,
- erkannte klinische Risikoschwerpunkte".

## 1.3 Definition und Erscheinungsformen von Controlling und Risikomanagement im Gesundheitsbetrieb

Das Controlling des Gesundheitsbetriebs lässt sich allgemein als umfassendes Steuerungs- und Koordinationskonzept zur Führung des Gesundheitsbetriebs verstehen, das mithilfe der Beschaffung, Aufbereitung und Analyse von Informationen und Daten die zielgerichtete Planung, Steuerung und Koordination der betrieblichen Abläufe unterstützt und zur Entscheidungsfindung beiträgt.

Daneben hat sich für den Gesundheitsbetrieb ein spezielles Medizincontrolling herausgebildet, welches einerseits die allgemeinen Controllingfunktionen und -aufgaben für den Gesundheitsbetrieb wahrnimmt und andererseits auf die Besonderheiten der Prozess-, Struktur- und Ergebnisqualität der medizinischen Leistungserstellungsprozesse im Gesundheitsbetrieb abstellt (siehe **Tabelle 1.4**).

**Tabelle 1.4** Beispielhafte Ziele und Schwerpunkte des Medizincontrollings.

| Ziele | Schwerpunkte |
|---|---|
| Aufgaben und Stellenwert des Medizincontrollings in Einrichtungen des Gesundheitswesens | Fallgruppen-Management, Disease-Management, Fallkosten-Kalkulation, Angemessenheitsprüfung von medizinischen Leistungen (Fehlbelegung), Kosten-Nutzen-Analysen, Kostensenkungsstrategien, Krankenhaus-/Abteilungsvergleiche. |
| Anforderungen an ein Krankenhausinformationssystem aus Sicht des Medizincontrollings | Standardisierung von Geschäftsvorfällen im Krankenhaus, Definition von allgemeinen Informationsabläufen, Berichtswesen in Krankenhausinformationssystemen, Integration in den Kernbereich Controlling. |

| Ziele | Schwerpunkte |
|---|---|
| Medizincontrolling und strategisches Controlling | Beitrag des Medizincontrollings für die Zukunftssicherung und Wettbewerbsfähigkeit im Krankenhaus, z.B. prospektive Mengenplanungen, Benutzer-(„Kunden-")forschung. |
| Ethische Aspekte im Medizincontrolling | Einfluss ökonomischer Aspekte auf die Patientenversorgung. |
| Definition und Selbstverständnis der jeweiligen im medizinischen Controlling tätigen Berufsgruppen | Berufsgruppen und deren Tätigkeitsgebiete, Berührungspunkte und Kooperation der Berufsgruppen untereinander, Modelle zur Einordnung in die Linienorganisation, Interessenvertretung nach außen und in den berufsspezifischen Weiterbildungsorganen, Prüfung von Qualifizierungsmaßnahmen. |
| Prüfung der Entwicklung von Leitlinien im Medizincontrolling | |

**Quelle: In Anlehnung an: Ziele und Schwerpunkte der AG Medizin-Controlling (nach dem Zusammenschluss mit der AG Qualität nun GMDS/GI-AG Medizinmanagement, MMM) innerhalb der GMDS (Deutsche Gesellschaft für medizinische Informatik, Biometrie und Epidemiologie e.V.).**

Bei der *Deutschen Gesellschaft für Medizincontrolling e.V. (DGFM)*, Berlin, handelt es sich um eine „...Interessengemeinschaft im Medizincontrolling tätiger Ärzte, Pfleger, Kodierer, MD(A)s, Juristen und Betriebswirte." Sie versteht sich als die wissenschaftliche Vertretung der Medizincontroller in Deutschland und hat den regelmäßigen Informationsaustausch, die Fort- und Weiterbildung und die gemeinsame Erarbeitung von Problemlösungsstrategien im Medizincontrolling zum Ziel.

Neben dem Medizincontrolling befasst sich das Pflegecontrolling insbesondere mit den Besonderheiten der pflegerischen Versorgungs- bzw. Leistungsprozesse. Das bedeutet sowohl die Herausbildung eines speziellen Controllings für Pflegeeinrichtungen als auch eines Controllings von Pflegeprozessen.

So hat das *Klinikum Ingolstadt* beispielsweise eine eigene Stabsstelle für Pflegecontrolling eingerichtet, um das Informationsbedürfnis der pflegerischen Leitungsebene bedienen zu können und die Pflege zu optimieren. Die oberste Leitungsebene des Klinikums erhält in regelmäßigen Abständen einen standardisierten Bericht über die wichtigsten Informationen und Kennzahlen zum Personaleinsatz, den Kosten für Personal- und Sachmitteleinsatz sowie spezifische Leistungsdaten. Ziel des Pflegecontrollings am Klinikum Ingolstadt ist es, den gesamten pflegerischen Kernprozess mit

- der Beschreibung des Patientenzustandes bei Aufnahme,
- der Festlegung des daraus resultierenden Pflegebedarfs,
- der Durchführung der angemessenen Pflegemaßnahmen,
- der Dokumentation und Bewertung der Leistungen,
- der Beschreibung des Patientenzustandes bei Entlassung
- durch messbare Kriterien transparent und steuerbar zu machen.

Somit ergibt sich eine Art Matrixorganisation des Controllings im Gesundheitsbetrieb, die neben den allgemeinen Controllingbereichen auch die speziellen Elemente des Medizin- und Pflegecontrollings umfasst (siehe **Abbildung 1.2**).

**Abbildung 1.2** Matrixorganisation des gesundheitsbetrieblichen Controllings.

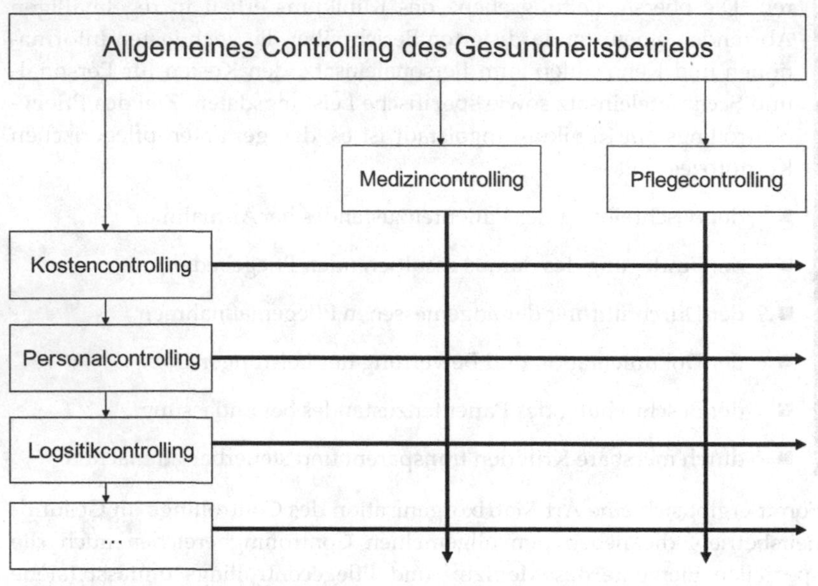


Zu den wichtigsten **Controllingarten** für den Gesundheitsbetrieb zählen:

- *Nachgängiges Controlling*: Ist vergangenheitsorientiert und besteht in erster Linie aus den Funktionen der Betriebsbuchhaltung (Durchführung von Kostenstellen und träger-rechnungen, Weiterentwicklung von Jahresplänen, Fortschreibung von Vergangenheitswerten, Nachzeichnung abgelaufener buchhalterischer Vorgänge).

- *Handlungsaktives Controlling*: Orientiert sich an veränderten Rahmenbedingungen und versucht, ständig etwa Abweichungen von Betriebsumsatz, -kosten oder -gewinn im Auge zu behalten, notwendige Korrekturen auf entscheidenden Gebieten der Betriebsführung einzuleiten, um die definierten Ziele zu erreichen.

- *Präventives Controlling*: Versteht Controlling als Führungsaufgabe und versucht präventiv und frühzeitig den Betrieb gegenüber Veränderungen im Umfeld zu wappnen (Entwicklung von Strategien, die sie beispielsweise unabhängiger von allgemeinen Entwicklungen des Gesundheitsmarktes machen, Sicherstellung einer hohen Flexibilität und Anpassungsfähigkeit auf veränderte Situationen).
- *Kurzfristiges Controlling*: Ist auf einen Zeitraum von ein bis zwei Jahren ausgerichtet, konzentriert sich auf den Betriebserfolg mit dem Schwerpunkt auf der Steuerung des Betriebsgewinns. Es leistet durch seinen steuernden Einfluss auf Kostensenkung, Leistungssteigerung und Verringerung des eingesetzten Kapitals somit einen Beitrag zur Entscheidungs- und Handlungsfähigkeit des Gesundheitsbetriebs. Ziele sind dabei in erster Linie eine erfolgsorientierte operative Planung, die Vorgabe einzelner Kosten und die Kontrolle der Einhaltung dieser Vorgaben.
- *Langfristiges Controlling*: Es umfasst darüber hinaus das systematische Erkennen zukünftiger Chancen und Risiken für den Gesundheitsbetrieb: Langfristige Erfolgspotenziale sollen gesichert und aufgebaut werden. Es ist daher auf einen Zeitraum von etwa fünf bis zehn Jahren ausgerichtet und stellt die Existenzsicherung des Betriebs in den Vordergrund. Damit trägt es auch dem Bedarf an stärkerer Effizienz der strategischen Betriebsplanung Rechnung, die oft der Gefahr unterliegt, gesteckte Ziele im betrieblichen Alltag aus den Augen zu verlieren oder eingeschlagene Strategien nicht konsequent genug zu verfolgen.

Das *nachgängige* Controlling ist dann als ausreichend anzusehen, wenn sich das Umfeld und die Rahmenbedingungen des Gesundheitsbetriebs kaum verändern, im Betrieb selber weitestgehend konstante Situationen zu verzeichnen und somit weitestgehend gesicherte Voraussetzungen für eine langfristige Planung der Betriebsentwicklung gegeben sind. Das *handlungsaktive* Controlling findet in der Regel dann Anwendung, wenn sich die Rahmenbedingungen beispielsweise aufgrund gesundheitspolitischer Entwicklungen häufig ändern und eine Planung aufgrund Unsicherheiten oder gar fehlender Grundlagen zunehmend schwierig wird. Es ist damit zukunftsorientiert und nicht auf das Fortschreiben von Vergangenheitswerten ausgerichtet. Für das *präventive* Controlling genügt es nicht, etwa nur Daten aus der Betriebsbuchhaltung regelmäßig auszuwerten, auf Informationen der Verbände oder Standesorganisationen zu warten und auf veränderte Vorgaben des öffentlichen Gesundheitswesens zu reagieren. Vielmehr muss die Leitung des Gesundheitsbetriebs möglichst frühzeitig beispielsweise neue Behandlungsmethoden, innovative Entwicklungen auf dem Gebiet der Medizintechnik und veränderte Patientenwünsche wahrnehmen und sie in ihrer Planung berücksichtigen. Beim *operativen* Controlling stehen die kurzfristig gesteckten Ziele im Vordergrund („Senkung der Materialkosten im Jahresdurchschnitt um zehn Prozent", „Erhöhung des Umsatzes im III. Quartal um fünf Prozent" etc.), die eine Steuerung der innerbetrieblichen Funktionen und Abläufe erforderlich machen. Auf der Grundlage der Daten aus der Betriebsbuchhaltung und der Kostenrechnung werden hierzu in erster Linie Soll-Ist-Analysen durchgeführt, um mögliche Abweichungen zu erkennen und notwendige Gegensteuerungsmaßnahmen einleiten zu können. Das *strategische* Controlling muss bei der Organisation des strategischen Planungsprozesses mitwirken, die Umsetzung der strategischen Pläne in operationalisierbare, kurzfristige Ziele sicherstellen sowie Kontrollgrößen erarbeiten und ein Frühwarnsystem zur Gewinnung von Kontrollinformationen für den Gesundheitsbetrieb aufbauen.

Das Controlling hat auch zur Aufgabe, die Risiken des Gesundheitsbetriebs zu steuern. Während das **Risikocontrolling** beispielsweise in Anlehnung an die *Mindestanforderungen an das Risikomanagement (MaRisk)* der *Bundesanstalt für Finanzdienstleistungsaufsicht (BaFin)* als Mess- und Überwachungssystem der Risikopositionen des Gesundheitsbetriebs und Analysesystem des mit ihnen verbundenen Verlustpotenzials beschrieben werden kann, befasst sich das **Risikomanagement** des Gesundheitsbetriebs mit der systematischen Identifizierung, Erfassung, Bewertung und Steuerung der gesundheitsbetrieblichen Risiken.

Das Lehrgebiet Allgemeine Betriebswirtschaftslehre mit dem Schwerpunkt Rechnungswesen, insbesondere Controlling im Gesundheitswesen der *Hochschule Osnabrück* befasst sich unter der Leitung von *W. Zapp* beispielsweise mit einem Forschungsprojekt zum Aufbau eines Risikocontrollings in Einrichtungen der stationären Altenhilfe unter besonderer Berücksichtigung von Basel II in Kooperation unter anderem mit *Caritas* Seniorenheimen, der *Bank für Sozialwirtschaft*, Köln sowie dem *Deutschen Verein für Krankenhaus-Controlling e.V.*

# 2 Planung im Gesundheitsbetrieb

## 2.1 Gesundheitsbetriebliche Zielsetzungen

Das Controlling muss sich an dem Zielsystem des Gesundheitsbetriebs orientieren. Die Ziele müssen daher operationalisiert und hinsichtlich Zeit (wann?), Erreichungsgrad (wie viel?) und Inhalt (was?) möglichst eindeutig definiert sein. Wann in welchem Umfang was erreicht werden soll, lässt sich bei quantitativen Kosten- oder Gewinnzielen recht einfach beschreiben. Qualitative Zielkriterien müssen hingegen erst in quantifizierbare Größen umgewandelt werden, um sie erfassen und überwachen zu können. Anhand der Ziele ist es Aufgabe des Controllings festzustellen, ob und wie die Ziele im Zeitablauf erreicht wurden, wie groß mögliche Abweichungen zwischen Soll- und Ist-Zielwerten sind und welche Ursachen es dafür gibt. Anschließend sind Gegensteuerungsmaßnahmen zu ergreifen, aber auch gegebenenfalls Zielkorrekturen, falls einzelne Ziele nicht realisierbar erscheinen.

Die **Ziele**, die sich ein Gesundheitsbetrieb setzt, sind zunächst allgemein als erwünschte Zustände, Zustandsfolgen oder auch Leitwerte für zu koordinierende Aktivitäten anzusehen, von denen ungewiss ist, ob sie erreicht werden. Die konkrete Zielbildung für Gesundheitsbetriebe ist ein komplexes Problem, da es eindimensionale Zielsetzungen (monovariable Zielbildung) oft nicht gibt. Werden hingegen mehrere Ziele (multivariable Zielbildung) verfolgt, so sind ihre Zielverträglichkeiten zu untersuchen. Die Gesamtzielsetzung eines Gesundheitsbetriebs besteht daher immer aus einer Kombination von quantitativen und qualitativen Zielen, die miteinander abgestimmt werden müssen. Die einzelnen Ziele definieren sich in der Regel über Zielinhalt, Zielausmaß und Zeitpunkt.

Die Ziele des Gesundheitsbetriebs haben unterschiedliche Ausprägungen und lassen sich hinsichtlich der **Zielart** beispielsweise in strategische und operative Ziele, Erfolgs- und Sachziele oder auch in langfristige und kurzfristige Ziele einteilen.

Erfolgsziele bestehen beispielsweise insbesondere in den Bereichen Rentabilität, Wirtschaftlichkeit, Gewinn und Produktivität. Sie können das Erreichen langfristiger Rentabilitätsziele darstellen, oder aber auch das Anvisieren von kurzfristigen Kostensenkungszielen. Sachziele beziehen sich eher auf konkrete Tatbestände in den einzelnen Bereichen des Gesundheitsbetriebs.

Die einzelnen Ziele des Gesundheitsbetriebs stehen zueinander in unterschiedlichen **Zielbeziehungen**. Sie können beispielsweise verschiedene Ränge aufweisen oder unterschiedlich aufeinander einwirken (siehe **Abbildung 2.1**).

**Abbildung 2.1** Zielbeziehungen im Gesundheitsbetrieb.

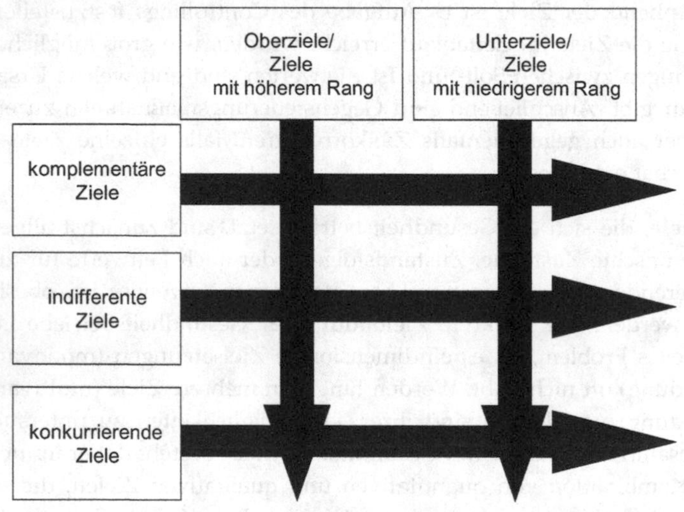


Eine Gewinnsteigerung (Oberziel) lässt sich erreichen, wenn eine Kostensenkung (Unterziel) verfolgt wird. Das Ziel der Kostensenkung wirkt in Bezug auf das Gewinnsteigerungsziel komplementär, da es dieses ergänzt bzw. fördert. Umsatzsteigerungsziele stehen mit gleichzeitigen Kostensenkungszielen eher in einem konkurrierenden, sich gegenseitig behinderten Verhältnis, da Maßnahmen, die den Umsatz fördern sollen, häufig mit höherem Werbeaufwand etc. verbunden sind. Eine indifferente Zielbeziehung liegt vor, wenn die Erreichung des einen Zieles keinerlei Einfluss auf die Erfüllung eines anderen Zieles hat.

Die **Zielinhalte** sind unterschiedlicher Natur, wobei in einem Gesundheitsbetrieb, in dem oft eine Vielzahl von Menschen miteinander arbeitet, neben wirtschaftlichen auch soziale und persönliche Ziele existieren. Da jeder Mensch, wenn oft auch unbewusst, auf die Verwirklichung seiner persönlichen Ziele hinarbeitet, ist es wichtig, sie in einer Organisation wie dem Gesundheitsbetrieb möglichst miteinander in Einklang zu bringen, denn dies wirkt förderlich und sichert den langfristigen betrieblichen Erfolg. Konkurrierende Ziele einzelner Mitarbeiter können durch ihre Gegenläufigkeit einer erfolgreichen Zusammenarbeit schaden.

Die Realisierung sozialer Ziele – wie die Existenzsicherung und Sicherung eines angemessenen Lebensstandards für alle Mitarbeiter durch eine angemessene und gerechte Entlohnung oder die Realisierung und Entwicklung individueller Fähigkeiten und Fertigkeiten durch eine entsprechende Tätigkeit und Aufgabenzuteilung – trägt in hohem Maß zur Arbeitszufriedenheit bei. Dies wirkt sich wiederum positiv auf die Persönlichkeitsentwicklung, den Arbeitseinsatz und die Arbeitsbereitschaft der Mitarbeiter des Gesundheitsbetriebs aus.

Damit die einzelnen Ziele nicht isoliert nebeneinander stehen, sind sie in einem **Zielsystem** für den Gesundheitsbetrieb zusammenzuführen und aufeinander abzustimmen. Aus ihnen sind resultierende Zielkonflikte zu lösen. Hilfreich ist in diesem Zusammenhang die Bewertung in Haupt- und Nebenziele, die eine Rangfolge hinsichtlich ihrer Bedeutung darstellt. Langfristige strategische Ziele sind zu operationalisieren und von der Führungsebene des Gesundheitsbetriebs über die einzelnen Bereiche hinweg bis zu Zielen für den einzelnen Mitarbeiter zu konkretisieren. Ihre möglichst genaue Quantifizierung ist zudem von erheblicher Bedeutung für die spätere Messbarkeit des jeweiligen Zielerreichungsgrades.

## 2.2 Strategieentwicklung im Gesundheitsbetrieb

Zu den wichtigsten konzeptionellen Aufgaben des Managements eines Gesundheitsbetriebs im Rahmen seiner Strategiebildung zählen zunächst die Festlegung von Philosophie und Leitbild des Betriebs. Mit ihnen werden die für den Gesundheitsbetrieb maßgeblichen ethischen und moralischen Richtlinien dokumentiert und die Grundlage für sein wirtschaftliches Handeln gebildet. Die allgemeine Philosophie mündet häufig in ein ausformuliertes **Leitbild**, welches oft erst später, wenn der Gesundheitsbetrieb mitunter bereits lange existiert, schriftlich festgehalten wird. Es stellt eine Ausformulierung der gelebten oder zumindest angestrebten betrieblichen Kultur dar, an deren Normen und Werten sich die Mitarbeiter des Gesundheitsbetriebs orientieren können, die im Sinne einer abgestimmten, einheitlichen Identität des Gesundheitsbetriebs (**Coporate Identity)** und einheitlicher Verhaltensweisen (**Coporate Behaviour**) integrativ wirken und gleichzeitig Entscheidungshilfen und -spielräume aufzeigen soll.

Klinikleitbild der *Orthopädische Universitätsklinik Friedrichsheim gGmbH*, Frankfurt am Main:

„Unser Handeln orientiert sich an den Prinzipien: Humanität, Qualität und Wirtschaftlichkeit.

**Humanität**

Im Mittelpunkt unseres Handelns steht die patientenorientierte Versorgung. Dies bedeutet für uns, eine an den neuesten Erkenntnissen orientierte medizinische und pflegerische Betreuung, die die seelische Situation und die des sozialen Umfeldes unserer Patienten mit einbezieht. Diese Patientenorientierung ist nur in einem humanen Arbeitsumfeld möglich, in dem Mitarbeiterinnen und Mitarbeiter Wertschätzung erfahren. Deshalb ist unser Führungsstil partizipativ und transparent. Im Rahmen vereinbarter Ziele ermöglichen wir den Mitarbeiterinnen und Mitarbeitern selbstständiges und eigenverantwortliches Handeln.

**Qualität**

Wir sind überzeugt, dass wir nur durch motivierte Mitarbeiterinnen und Mitarbeiter eine an unseren Zielen orientierte Ergebnisqualität erreichen können. Wir fördern stetig die Weiterentwicklung unserer Mitarbeiterinnen und Mitarbeiter zu fachlicher und sozialer Kompetenz. Es wird angestrebt, dass das kreative Potenzial unserer Mitarbeiterinnen und Mitarbeiter durch ein innerbetriebliches Vorschlagswesen genutzt werden soll. Zur Sicherstellung der Qualität unserer Dienstleistungen haben wir ein Qualitätsmanagementsystem auf der Basis der Norm DIN EN ISO 9001 eingerichtet.

**Wirtschaftlichkeit**

Unser Ziel ist eine effiziente medizinische und pflegerische Versorgung, die sich auf zweckmäßige, ausreichende und wirtschaftliche Maßnahmen konzentriert.

Dadurch sind wir auch weiterhin für die Kostenträger ein wichtiger Vertragspartner.

Um ökonomische und ökologische Aspekte bestmöglich zu verknüpfen, gehen wir mit den zur Verfügung stehenden Ressourcen verantwortungsbewusst um und leisten dadurch einen wichtigen Beitrag zur Nachhaltigkeit."

Auf der Grundlage des Leitbildes und anhand der strategischen Ziele des Gesundheitsbetriebs lassen sich seine Strategien entwickeln. Ausgehend von strategischen *Erfolgspotenzialen*, die überragende, wichtige Eigenschaften des Gesundheitsbetriebs darstellen und mit denen er sich auch dauerhaft von vergleichbaren Einrichtungen abgrenzen kann, ist das längerfristig ausgerichtete, planvolle Anstreben der strategischen Ziele zu planen.

Strategische Erfolgspotenziale eines Gesundheitsbetriebs können beispielsweise seine Stärken im Bereich Patientenservice, alternativen Behandlungsangebote, fortschrittliche Behandlungsmethoden, Einsatz neuester Medizintechnik etc. sein.

Zu den zukunftsträchtigen *Trends* für Gesundheitsbetriebe, aus denen sich Erfolg versprechende Strategien ableiten lassen, gehören verschiedene, sich bereits heute abzeichnende Entwicklungen.

- *Betriebswirtschaftliche Steuerung*: Das Controlling und Kostenmanagement der Gesundheitsbetriebe gewinnt vor dem Hintergrund begrenzten Umsatzwachstums und eines sich verschärfenden Wettbewerbs in zunehmendem Maße an Bedeutung. Um nicht die Steuerungsmöglichkeit zu verlieren, Liquiditätsengpässe zu riskieren und in finanzielle Abhängigkeiten zu geraten, müssen geeignete Führungs- und Steuerungsinstrumentarien eingesetzt werden.

- *Verstärkte Absatzorientierung*: Durch das wachsende Angebot medizinischer Behandlungs- und Dienstleistungen entwickelt sich der Gesundheitsmarkt mehr und mehr zum Käufermarkt. Es gilt daher, sich durch die Schaffung von Präferenzen, Werbung oder über die Preisgestaltung Marktanteile zu sichern und ein Marketingkonzept zu entwickeln, in dessen Mittelpunkt der Patient steht und das die Gewinnung neuer und der Bindung vorhandener Patienten zum Ziel hat.

- *Gezielte Entwicklung*: Es gilt langfristig festzulegen, ob der Gesundheitsbetrieb zukünftig verstärkt wachsen, mit anderen zusammenarbeiten, eher sich verkleinern oder in seinen Leistungen diversifizieren soll. Wachstumsstrategien können sich beispielsweise auf die Erschließung neuer Patientenzielgruppen (Marktentwicklungsstrategie), das Angebot zusätzlicher, neuer Behandlungsleistungen (Leistungsentwicklungsstrategie) oder die Intensivierung der Marktbearbeitung durch Verbesserung der Patientenzufriedenheit (Marktdurchdringungsstrategie) erstrecken. Für eine Kooperation mit anderen Gesundheitsbetrieben stehen unterschiedliche Organisations- und Rechtsformen (Partnerschaft, MVZ, Gemeinschaftspraxis etc.) zur Verfügung. Bei einer Verkleinerung können der Abbau von medizintechnischen und personellen Behandlungskapazitäten, die Konzentration auf profitable Behandlungsgebiete oder die Rentabilitätssteigerung bei gleich bleibenden Umsatzzahlen im Vordergrund stehen. In der Diversifizierung versucht man üblicherweise mit neuen Leistungsangeboten zusätzliche Patientenzielgruppen zu erschließen.

Das **Lebenszykluskonzept** bietet eine Grundlage zur Entwicklung von Strategien für den Gesundheitsbetrieb. Es geht ursprünglich auf die Marketingliteratur zurück und lässt die allgemeine Entwicklung eines Gesundheitsbetriebs als eine Art „Lebensweg" betrachten. Die Grundphasen des Lebenszyklusmodells unterliegen keinen Naturgesetzmäßigkeiten. Sie beruhen auf unternehmerischen Aktivitäten und Entscheidungen und stellen auch das Ergebnis des Einwirkens der Umwelt auf den Gesundheitsbetrieb dar. Insofern bilden nicht Rechenmodelle oder eindeutig nachvollziehbare Kausalitäten den Erklärungshintergrund des Phasenverlaufs, sondern Hypothesen, die die Phasen- und Zeitrelation bestimmter Verhaltensweisen der direkt oder indirekt der an der betrieblichen Entwicklung Beteiligten berücksichtigen (siehe **Abbildung 2.2**).

**Abbildung 2.2** Lebenszyklusphasen des Gesundheitsbetriebs.

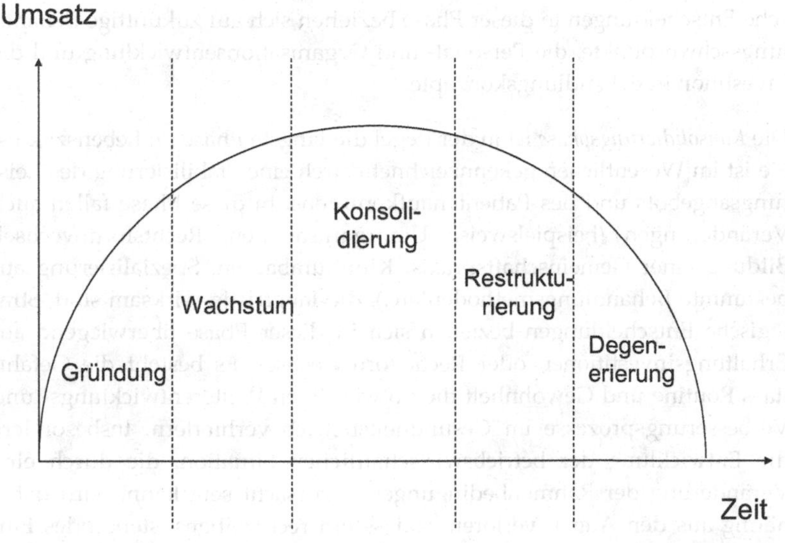


Die *Gründungsphase* des Gesundheitsbetriebs kann durch unterschiedliche Länge, Schwierigkeiten oder Erfolg bzw. Misserfolg gekennzeichnet sein. Es ist eine entscheidende und wichtige Phase, die im Falle des betriebswirtschaftlichen oder anderweitig begründeten Misserfolgs auch zum Scheitern führen kann. In dieser Phase sind strategische Entscheidungen zu treffen, die die Größe des Betriebs, das Investitionsvolumen, die Mitarbeiterzahl, die Rechtsform, den Standort, die genaue fachliche Ausrichtung sowie die Marketingkonzeption und die Patientenzielgruppen betreffen. Ständige Optimierungs- und Veränderungsprozesse sind daher in dieser Phase erforderlich, bisweilen auch Improvisation. Die Strategie muss daher in dieser Phase dazu beitragen, durch Sammlung von ausreichenden Informationen möglichst schnell eine dauerhafte Organisation strukturieren zu können.

Im Falle der Übernahme einer Arztpraxis handelt es sich um keine Neugründung, da Mitarbeiter, Patienten, Ausstattung etc. in der Regel übernommen werden, sodass sich die strategischen Entscheidungen eher auf eine mögliche Neuausrichtung konzentrieren werden.

Die *Wachstumsphase* kann unterschiedlich lange dauern. Wichtige strategische Entscheidungen in dieser Phase beziehen sich auf zukünftige Behandlungsschwerpunkte, die Personal- und Organisationsentwicklung und die Investition in Behandlungskonzepte.

Die *Konsolidierungsphase* ist in der Regel die längste Phase im Lebenszyklus. Sie ist im Wesentlichen gekennzeichnet durch eine Stabilisierung des Leistungsangebots und des Patientenaufkommens. In diese Phase fallen auch Veränderungen (beispielsweise Umorganisationen, Rechtsformwechsel, Bildung einer Gemeinschaftspraxis, Klinikumbauten, Spezialisierung auf bestimmte Behandlungsmethoden etc.), die langfristig wirksam sind. Strategische Entscheidungen beziehen sich in dieser Phase überwiegend auf Erhaltungsinvestitionen oder Rechtsformwechsel. Es besteht die Gefahr, dass Routine und Gewohnheit die notwendigen Weiterentwicklungs- und Verbesserungsprozesse im Gesundheitsbetrieb verhindern. Insbesondere die Entwicklung der betriebswirtschaftlichen Situation, die durch eine Veränderung der Rahmenbedingungen verursacht sein kann, wird dabei häufig aus den Augen verloren, sodass ein rechtzeitiges, steuerndes Eingreifen nicht möglich wird. In der Konsolidierungsphase muss die Strategie daher einen Beitrag leisten, den wirtschaftlichen Erfolg durch geeignete Kontrollmechanismen und Organisationsentwicklungsmaßnahmen langfristig zu sichern.

Gelingt es nicht, den Gesundheitsbetrieb wirtschaftlich dauerhaft stabil zu halten, sind in der *Restrukturierungsphase* mitunter einschneidende Maßnahmen in das Behandlungs- und Pflegeangebot, die Kapazitätsvorhaltung bzw. die Personalausstattung erforderlich. Die Maßnahmen können dazu beitragen, den Gesundheitsbetrieb wieder zu stabilisieren, sie können sich aber auch als unzureichend erweisen oder ihre Wirkung auch verfehlen. Dies ist insbesondere dann der Fall, wenn die Restrukturierungsmaßnahmen zu spät eingeleitet werden.

Die *Degenerierungsphase* kommt nur dann vor, wenn der Gesundheitsbetrieb seine Tätigkeit einstellt, sei es beispielsweise durch Insolvenz und Auflösung einer Klinik oder altersbedingte Aufgabe einer Arztpraxis. Die strategischen Entscheidungen, die in dieser Phase zu treffen sind, beziehen sich hauptsächlich auf Nachfolgeregelungen oder die Verwertung und Veräußerung des Betriebs.

Das *Klinikum Bremen-Mitte gGmbH (früher: Bremer Zentralkrankenhaus Sankt-Jürgen-Strasse)* ist ein Beispiel dafür, dass viele Gesundheitsbetriebe über einen langen Zeitraum existieren und die Konsolidierungsphase häufig von oft tief greifenden Veränderungen durchzogen ist, aber dauerhaft anhält. Die Sparkasse zu Bremen legte bereits 1847 mit ihrer Entscheidung, der Bremer Bürgerschaft ein zinsloses Darlehen in Höhe von 50.000 Talern zu gewähren, den Grundstein für das heutige Krankenhaus. Gebaut wurde seinerzeit das dreistöckige, heute unter Denkmalschutz stehende Hauptgebäude mit 270 Betten, ein Irrenhaus mit 62 Betten, ein Absonderungshaus (Pockenhaus) mit 29 Betten, ein Wohnhaus für die Direktoren sowie ein Waschhaus und Stallungen. Im Haupthaus gab es einen chirurgischen und einen internistischen Bereich, eine „geburtshilfliche" Abteilung und einen Bereich für Ausschlagkrankheiten.

Das Lebenszyklusmodell lässt sich auch auf den *Gesundheitsmarkt* übertragen und bedeutet beispielsweise gerade in einer Phase der Marktsättigung, die in einzelnen Bereichen zweifelsohne existiert, sich strategisch in einem schwierigen Wettbewerbsumfeld neu zu positionieren, beispielsweise durch Leistungsdifferenzierungen und Spezialisierungen, durch Verschlankung zu kleineren Einheiten oder durch den Zusammenschluss zu Kooperationsformen.

Auch die *Behandlungs-* oder *Pflegeleistungen* selbst lassen sich oft anhand des Lebenszyklusmodells analysieren. Behandlungskonzepte werden eingeführt, nach ihrer Bewährung beibehalten und weiterentwickelt, wie die oftmalige Entwicklung von der therapeutischen Behandlung zu einer verstärkten Prophylaxe. Gleichzeitig lässt sich das Angebot um neue Behandlungsleistungen erweitern, die Erfolg versprechend sein können und die es früher noch nicht gegeben hat. Sind sie in der Lage, bisherige Methoden zu ersetzen, so werden diese nicht mehr angeboten.

## 2.3 Ablauf der betrieblichen Planung

Die Planung in Gesundheitsbetrieben ist eine wichtige Aufgabe, die unterschiedlichste Planungsbereiche umfasst: Sie reicht von der betrieblichen Finanzplanung im Finanzwesen, über die Planung der Leistungserstellungsprozesse (Behandlungsplanung, Belegungsplanung, Therapieplanerstellung, Erstellung von Hygieneplänen, Schichteinsatzplan etc.) bis hin zur strategischen Planung des gesamten Gesundheitsbetriebs.

Die **Planung** bildet den logischen Ausgangspunkt des betrieblichen Managements. Es wird darüber nachgedacht, was in und mit dem Gesundheitsbetrieb erreicht werden soll und wie es am besten zu erreichen ist. Dazu zählen die Bestimmung der Zielrichtung, die Ermittlung zukünftiger Handlungsoptionen und die Auswahl unter diesen. Planung bedeutet, zukünftiges Handeln unter Beachtung des Rationalprinzips gedanklich vorwegzunehmen.

Der betriebliche **Planungsprozess** unterteilt sich grundsätzlich in die Phasen der

- Problemformulierung,
- Alternativenfindung,
- Alternativenbewertung,
- Entscheidung.

Damit eine Planung stattfinden kann, ist das zu lösende Problem (Planungsaufgabe) strukturiert darzustellen und anhand des bestehenden und des beabsichtigten Zustands zu analysieren bzw. zu diagnostizieren. Je nach Problemstellung sind mithilfe von Kreativitätsmethoden, der medizinischen Erfahrung oder schulmedizinischer Anleitungen Problemlösungsalternativen zu suchen und in einem nächsten Schritt hinsichtlich ihrer Realisierbarkeit und Erfolgsaussichten zu bewerten. Anhand des Bewertungsergebnisses ist eine Entscheidung zu treffen, welche Alternative umgesetzt werden soll.

Bei der Behandlungsplanung werden ausgehend von der Diagnose (Problemanalyse) unterschiedliche Behandlungsalternativen (Alternativenfindung) hinsichtlich ihrer Erfolgsaussichten bewertet (Alternativenbewertung) und gemeinsam mit dem Patienten (Entscheidung) in einen zeitlich terminierten Therapieplan umgesetzt. Die Kontrolle bezieht sich in erster Linie auf den Therapieerfolg und ist damit ebenso wie die Umsetzung nicht mehr Gegenstand des eigentlichen Planungsprozesses.

Je nach **Planungsart** lässt sich zunächst zwischen einer *rollierenden* und einer Blockplanung unterscheiden. Während bei einer rollierenden Planung nach Ablauf einer Phase deren Ergebnis korrigierend in die Planung einfließt und diese immer wieder neu „aufgesetzt" wird, stellt die Blockplanung den Ablauf der einzelnen Phasen im Zeitverlauf dar (siehe **Abbildung 2.3**).

Ferner lässt sich die Planung, je nachdem welche Bereiche des Gesundheitsbetriebs einbezogen sind, unterscheiden in

- *Top-down-Planung*: Planvorgaben durch die Leitung des GesundheitsBetriebs und Konkretisierung durch Teilpläne in den einzelnen Betriebsbereichen.
- *Bottom-up-Planung*: Sammlung von Plandaten auf unterer Ebene und spätere Aggregation zu einer betrieblichen Gesamtplanung.
- *Gegenstromverfahren*: Vorgabe von Eckwerten, Abstimmung in den einzelnen Bereichen und Zusammenfassung zur Gesamtplanung.

Die Sammlung von Verbrauchsdaten bei medizinischem Material für die

Beschaffungsplanung einer Großklinik stellt eine Bottom-up-Planung dar, während die Schichteinsatzplanung unter Vorgabe der Schichtzeiten und Einsatzstärken in der Regel unter Einbeziehung der Mitarbeiter nach dem Gegenstromverfahren erfolgt.

Wenn es um längerfristige Aktionsziele geht, spricht man auch von einer *strategischen* Planung, im Gegensatz zur *operativen* Planung, die der konkreten kürzerfristigen Disposition von Ressourcen dient.

**Abbildung 2.3** Planungsarten im Gesundheitsbetrieb.

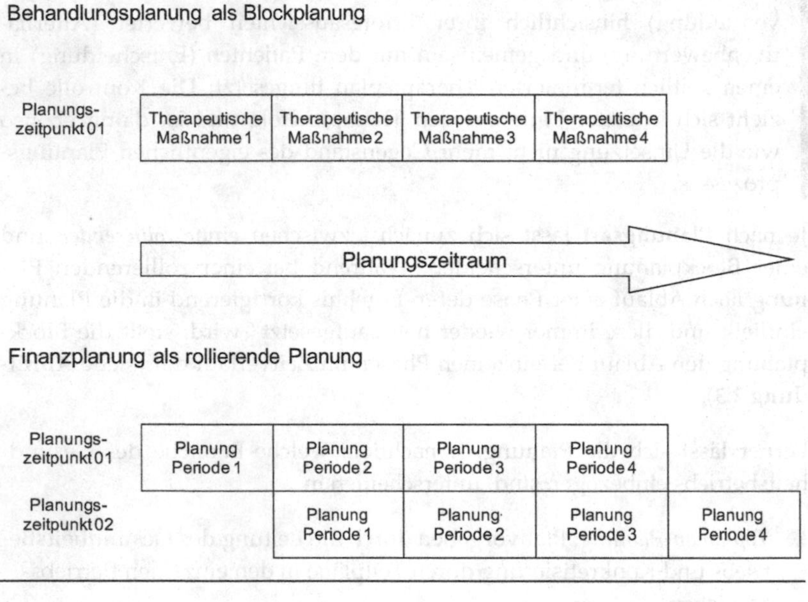

Behandlungsplanung als Blockplanung

| | | | | |
|---|---|---|---|---|
| Planungs-zeitpunkt 01 | Therapeutische Maßnahme 1 | Therapeutische Maßnahme 2 | Therapeutische Maßnahme 3 | Therapeutische Maßnahme 4 |

Planungszeitraum

Finanzplanung als rollierende Planung

| | | | | | |
|---|---|---|---|---|---|
| Planungs-zeitpunkt 01 | Planung Periode 1 | Planung Periode 2 | Planung Periode 3 | Planung Periode 4 | |
| Planungs-zeitpunkt 02 | | Planung Periode 1 | Planung Periode 2 | Planung Periode 3 | Planung Periode 4 |

# 3 Entscheiden im Gesundheitsbetrieb

## 3.1 Besondere Entscheidungssituationen

Die Entscheidung zählt zusammen mit der Planung, der Zielsetzung, der Information, der Kontrolle unter anderem zu den übergeordneten Prozessen (Meta-Prozessen) des Gesundheitsbetriebs. Ihre Bedeutung ist jedoch im Vergleich zu beispielsweise produzierenden Betrieben weitaus größer, da sich ihre Konsequenzen oft unmittelbar auf das leibliche Wohl der Patienten auswirken. Hinzu kommt, dass dem Entscheiden nicht immer ein ausführliches, zeitintensives Abwägen unter verschiedenen Alternativen vorausgehen kann, sondern dass sie mitunter in lebensbedrohenden Situationen und Stresssituationen schnellstmöglich getroffen werden müssen.

> Nach Angaben der *Paritätische NRW - GSP - Gemeinnützige Gesellschaft für soziale Projekte mbH* müssen in der Versorgung demenzkranker Patienten häufig schwierige *ethische* Entscheidungen getroffen werden:
>
> „Wie wird über eine Behandlung entschieden, wenn der Patient seinen aktuellen Willen nicht mehr äußern kann und Zweifel an seiner Einwilligung in die Behandlung bestehen?
>
> Wie werden Nutzen, Risiken und Nebenwirkungen einer Behandlung abgewogen?
>
> Wie wird entschieden, wenn der Wille des Patienten nicht mit den eigenen Wertvorstellungen übereinstimmt?" Ein weiteres Beispiel „…ist die Frage, ob demenzkranke Patienten, die wenig oder gar nicht essen, ergänzend oder vollständig mit Sondenkost ernährt werden sollen. Hier müssen der mutmaßliche oder schriftlich notierte Willen des Patienten, der Nutzen und Schaden für ihn sowie die medizinische Notwendigkeit sorgfältig gegeneinander abgewogen werden. Eine Entscheidung muss gemeinsam mit dem Betroffenen (wenn möglich), den Angehörigen, dem Pflegepersonal, dem behandelnden Hausarzt und dem Krankenhaus abgestimmt und ge-

fundèn werden. Aber auch andere Indikationen führen zu ethisch schwierigen Entscheidungen: Sollen bei einem schwer demenzkranken multimorbiden Patienten alle Einzelerkrankungen vollständig und leitliniengerecht behandelt werden? Das kann zu Vielfach-Medikamentierung mit unkontrollierbaren Neben- und Wechselwirkungen, zu belastenden Untersuchungen und Behandlungen mit zweifelhaften Auswirkungen auf die Lebensqualität des Patienten führen. Bei einem demenzkranken älteren Menschen mit weiteren Erkrankungen ist vor allem zu überlegen, welche Diagnostik und welche Behandlung notwendig sind, um den Allgemeinzustand und die Lebensqualität des Patienten zu verbessern. Umgekehrt kann es vorkommen, dass demenzkranken Patienten Untersuchungen oder Behandlungen vorenthalten werden, mit der traurigen Begründung, es lohne sich ja ohnehin nicht mehr."

Eine **Entscheidung** im Gesundheitsbetrieb stellt somit nicht zwangsläufig immer eine bewusste Wahl zwischen zwei oder mehreren Möglichkeiten anhand bestimmter Entscheidungskriterien oder Präferenzen dar. Oftmals ist auch nicht die Wahl einer bestimmten Möglichkeit, sondern die Unterlassung einer Handlung als Entscheidungsergebnis anzusehen.

Während im betrieblichen Alltag Entscheidungen mitunter auch emotional oder zufällig gefällt werden können, ohne dass sie mit gravierenden Folgen einhergehen, müssen Entscheidungen im Rahmen der medizinischen Leistungserstellung rational erfolgen, oft auch spontan getroffen werden.

Bei der ärztlichen Diagnose wird beispielsweise aufgrund vorliegender Symptome auf eine mögliche Krankheit geschlossen, was die Grundlage für die Behandlungsentscheidung darstellt. Nicht immer kann diese Entscheidung unter völliger Sicherheit getroffen werden, sodass abgewartet werden muss, ob der Patient auf die Behandlung anspricht. Ist dies nicht der Fall, wird eine andere Behandlungsentscheidung notwendig.

Die **Entscheidungsträger** sind dabei nicht nur die behandelnden Ärzte, Chirurgen, Kieferorthopäden oder Krankenhausmanager. Entscheidungen können sich unabhängig von Hierarchie und organisatorischer Einordnung, direkt auf die Patienten auswirken. Risiko und Tragweite von Entscheidungen nehmen daher im Gesundheitsbetrieb nicht erst mit aufsteigender Führungshierarchie zu, sondern sind in der medizinischen, behandelnden Tätigkeit auf allen hierarchischen Ebenen vorhanden. Während man im Allgemeinen davon ausgeht, dass in den unteren Ebenen tragbare Entscheidungsrisiken mit hoher Eintrittswahrscheinlichkeit, aber begrenzter Schadenshöhe und auf der Führungsebene Risiken mit erheblicher Tragweite, geringer Eintrittswahrscheinlichkeit, aber existenzbedrohender Schadenshöhe existieren, können im Gesundheitsbetrieb bereits durch Fehlentscheidungen von Pflegekräften, Laborangestellten oder Arzthelferinnen menschengefährdende Situationen eintreten.

Auch die möglichen **Entscheidungsfolgen** haben somit eine anderen Qualität, sodass die Möglichkeit, die Güte einer Entscheidung zu einem späteren Zeitpunkt zu messen oder aus einer Fehleinschätzung zu lernen, oftmals gar nicht gegeben ist, sondern die absolute Verlässlichkeit und Richtigkeit der Entscheidung angestrebt werden muss. Hinzu kommt die Schwierigkeit der Einschätzung, ob eine bestimmte Entscheidungssituation mit einer vergangenen Situation ohne Abstriche vergleichbar ist. Oftmals verfügen die Entscheidungsträger im Gesundheitsbetrieb in Bezug auf die Patientenbehandlung nicht über die vollständige Information und über alle potenziell entscheidungsrelevanten Faktoren.

Gerade vor diesem Hintergrund ist immer zu vergegenwärtigen, dass eine Entscheidung auch immer durch die subjektiven Grundlagen ihrer Entscheidungsträger beeinflusst wird, ihren Emotionen, Wertvorstellungen, Erfahrungen und Befindlichkeiten. Somit können Entscheidungen im Gesundheitsbetrieb auch immer nur einer begrenzten Rationalität unterliegen, womit sich die Frage stellt, inwieweit die Verantwortung von unerwarteten Konsequenzen dem einzelnen Entscheidungsträger zuzuordnen ist. Folgen und Auswirkungen von fehlerhaften Entscheidungen im medizinischen Bereich können häufig nicht mehr rückgängig gemacht oder abgeändert werden, sondern sind unwiderruflich und führen bestenfalls zu notwendigen Folgeentscheidungen.

Für die Entscheidungspraxis im Gesundheitsbetrieb bedeutet das Dargelegte, dass Entscheidungen umso leichter getroffen werden, je größer die Sicherheit scheint. Mit dem Ausmaß der Unsicherheit, nimmt auch die Schwierigkeit der Entscheidung zu, da die Entscheidungsfolgen oft nicht absehbar sind. Die Sicherheit wird in der Regel umso größer, je mehr Informationen zur Entscheidungsfindung vorliegen.

## 3.2 Geeignete Entscheidungsmodelle

Die **Sicherheitsentscheidung** (Entscheidung unter völliger Sicherheit) bildet im Alltag des Gesundheitsbetriebs eher die Ausnahme, da sich in den seltensten Fällen sämtliche Konsequenzen aus einer Handlung voraussagen lassen. Die Annahme, dass sämtliche Konsequenzen einer Handlung im Voraus bekannt sind, erscheint schließlich nicht gerade realistisch. Ein theoretisches Restrisiko des Handelns lässt sich daher kaum ausschließen.

Selbst wenn dem behandelnder Hausarzt sämtliche Nebenwirkungen und Gegenanzeigen eines Medikamentes bekannt sind und er auch eine bestmögliche Anamnese seines langjährigen Patienten (beispielsweise nach der SAMPLE-Methode im Rettungswesen: Symptome, Allergien, Medikamente, Patienten-Vorerkrankungen, Letzte Mahlzeit etc., Notfall-Ereignis) durchführt, verbleiben Restrisiken, deren Eintrittswahrscheinlichkeiten sich durch die aufgezeigten Maßnahmen lediglich minimieren lassen.

Häufiger vorkommen dürften im Gesundheitsbetrieb insbesondere **Unsicherheitsentscheidungen**, bei denen die Auswirkungen einer Entscheidung und/oder deren Eintrittswahrscheinlichkeiten nicht mit völliger Sicherheit vorausgesagt werden können. Um mit der Unsicherheit bei Entscheidungen im Gesundheitsbetrieb bestmöglich umgehen zu können, bietet sich zunächst die Betrachtung der Ungewissheitsentscheidung an. Bei der **Ungewissheitsentscheidung** sind zumindest deren möglichen Auswirkungen bekannt, aber nicht die jeweiligen Eintrittswahrscheinlichkeiten. In dieser Situation bieten sich folgende Handlungsalternativen an:

- *Pessimistische Entscheidung (Maximin-Modell)*: Die einzelnen Entscheidungsalternativen werden anhand der ungünstigsten Auswirkung miteinander verglichen.

- *Optimistische Entscheidung (Maximax-Modell)*: Die einzelnen Entscheidungsalternativen werden anhand der günstigsten Auswirkung miteinander verglichen.

In einem stark vereinfachten Beispiel soll eine Entscheidung zwischen zwei Medikamenten (M1, M2) getroffen werden, bei deren Anwendung sich bei M1 als mögliche Nebenwirkung eine Blutdrucksteigerung (A1), -senkung (A2) oder ein gleich bleibender Blutdruckwert (A3) bzw. bei M2 folgende Werte ergeben können:

| Auswirkung / Alternative | A1 | A2 | A3 |
|---|---|---|---|
| M1 | 180/140 | 120/80 | 140/100 |
| M2 | 140/100 | 140/100 | 140/100 |

Bei der pessimistischen Entscheidung würde die Alternative M2 bevorzugt, da sie zumindest einen stabilen Blutdruck garantiert, während bei M1 auch eine deutliche Steigerung als mögliche Auswirkung vorkommen kann. Die optimistische Entscheidung würde zugunsten von M1 ausfallen, da sie auch die Möglichkeit einer Blutdrucksenkung einschließt.

Bei der Ungewissheitsentscheidung kann man ferner die Alternativen anhand eines gewichteten Mittelwerts ihrer bestmöglichen und schlechtmöglichsten Auswirkungen bewerten und dabei subjektive Erwartungen durch eine Gewichtung zwischen 0 und 1 (*Hurwicz-Modell*) zum Ausdruck bringen. Geht man von einer Gleichverteilung der Eintrittswahrscheinlichkeiten aus, so sind sämtliche Auswirkungen bei der Entscheidung gleichermaßen zu berücksichtigen (*Laplace-Modell*). Schließlich besteht auch die Möglichkeit, diejenige Alternative auszuwählen, welche die möglichen negativen Auswirkungen minimiert (*Schadensminimierungsmodell*) und das Verhältnis zwischen möglichem Schaden und maximal möglichen Nutzen berücksichtigt (siehe **Tabelle 3.1**).

**Tabelle 3.1** Entscheidungsmodelle für Ungewissheitsentscheidungen.

| Modell | Funktionsweise |
|---|---|
| Maximin | Die einzelnen Entscheidungsalternativen werden anhand der ungünstigsten Auswirkung miteinander verglichen. |
| Maximax | Die einzelnen Entscheidungsalternativen werden anhand der günstigsten Auswirkung miteinander verglichen. |
| Hurwicz | Bewertung der Alternativen anhand eines gewichteten Mittelwerts ihrer bestmöglichen und schlechtmöglichsten Auswirkungen unter Berücksichtigung subjektiver Erwartungen durch eine Gewichtung zwischen 0 und 1. |
| Laplace | Geht man von einer Gleichverteilung der Eintrittswahrscheinlichkeiten aus, sind sämtliche Auswirkungen bei der Entscheidung gleichermaßen zu berücksichtigen. |
| Schadensminimierung | Auswahl derjenigen Alternative, welche die möglichen negativen Auswirkungen minimiert und das Verhältnis zwischen möglichem Schaden und maximal möglichen Nutzen berücksichtigt. |

Von der Ungewissheitsentscheidung ist die **Risikoentscheidung** zu unterscheiden, da bei ihr die Eintrittswahrscheinlichkeiten beispielsweise durch Berechnung ermittelbar sind oder sich aus Vergangenheitswerten ableiten lassen.

Die Mitarbeiter einer Zahnarztpraxis bilden eine Lotto-Tippgemeinschaft. Die berechenbare Wahrscheinlichkeit bei der Ziehung 6 aus 49 die Gewinnklasse 1 (6 Richtige + Superzahl) zu erzielen, beträgt ca. 1 zu 140 Millionen.

Bei Risikoentscheidungen im Gesundheitsbetrieb ist somit aufgrund der Kenntnisse über die Eintrittswahrscheinlichkeiten möglicher negativer Auswirkungen grundsätzlich ein *risikoaverses* Entscheiden möglich.

Auch können *mehrpersonale* Entscheidungsprozesse zur Risikominimierung beitragen, indem Informationen und Kenntnisse über mögliche Auswirkungen von Entscheidungsalternativen durch die Einbeziehung mehrerer Experten bzw. Entscheidungsträger in die Entscheidung einfließen.

Das *Institut für Medizinische Psychologie* am *Universitätsklinikum Heidelberg* befasst sich beispielsweise unter anderem mit der Entwicklung diagnostischer Verfahren für die Hightechmedizin, besonders vor und nach *Risikoentscheidungen* (zum Beispiel Aufklärung, Transplantation) und zur besseren Bewältigung von Hightechinterventionen (zum Beispiel Chemotherapie, Fertilisation).

# 4 Steuerung im Gesundheitsbetrieb

## 4.1 Vergleichende Controllinginstrumente

Die **Controllinginstrumente** des Vergleichs bieten vielfältige Möglichkeiten, im Rahmen des gesundheitsbetrieblichen Controllings realisierbare Ziele zu setzen, deren Einhaltung zu überwachen und gegebenenfalls korrigierend einzugreifen. Bei einem Vergleich werden aktuellen Zahlenwerten des Gesundheitsbetriebs Vergangenheitswerten, Werten anderer Betriebe oder Sollwerten gegenübergestellt, um positive oder negative Differenzen zu ermitteln und diese zum Maßstab des eigenen Handelns zu machen (siehe **Abbildung 4.1**).

Als **Zeitvergleich** lässt er sich entlang der Zeitachse (wöchentlich, monatlich, quartalsweise, jährlich, mehrjährig) für verschiedene Bereiche innerhalb eines Gesundheitsbetriebs anhand absoluter oder relativer Werte bzw. Kennzahlen durchführen. So lassen sich etwa zweckmäßigerweise der Kassenumsatz eines II. Quartals mit dem des I. Quartals vergleichen oder die Materialkosten im Oktober mit den Materialkosten in den jeweiligen Vormonaten. Je höher dabei die Zahl der Vergleichsdaten ist, desto eher lässt sich ein Trend erkennen und bewahrt zugleich den Gesundheitsbetrieb vor übertriebenem Aktionismus. Mit zunehmender Vergleichshäufigkeit und je kürzer die Abstände der Vergleichszeiträume sind, desto genauer lässt sich der Zeitvergleich als Kontrollinstrument einsetzen. Mittels aus den Vergangenheitswerten abgeleiteter Zielvorgaben und Sollzahlen lässt sich die im Rahmen des gesundheitsbetrieblichen Controllings notwendige Steuerungsfunktion realisieren. Der Zeitvergleich gibt somit Auskunft über die derzeitige Situation des Gesundheitsbetriebs und ist zugleich die Grundlage für die Ableitung zukunftsbezogener Maßnahmen.

Der **Betriebsvergleich** stellt eine Gegenüberstellung von Zahlenmaterial des eigenen Gesundheitsbetriebs und Vergleichszahlen einer oder mehrerer anderer Betriebe dar. Um die Vergleichbarkeit sicherzustellen und individuelle Einflüsse zu minimieren, sind zunächst Zahlen desselben Zeitraumes jeweils einander gegenüberzustellen.

So sind beispielsweise Patientenzahlen einer HNO-Praxis aus dem Dezember, mit einer jahreszeitüblichen Häufung witterungsbedingter Erkältungskrankheiten, nicht mit den Augustzahlen einer Vergleichspraxis gleichzusetzen. Zu weiteren wichtigen zu minimierenden Einflüssen zählen neben der fachlichen Spezialisierung auch regionale Unterschiede, unterschiedliche Betriebsgrößenklassen oder der Standort. Beispielsweise ist ein Vergleich von Pflegeeinrichtungen unterschiedlicher Größenklassen aufgrund der abweichenden Kostendegression und Personalausstattung sicherlich nicht unproblematisch.

**Abbildung 4.1** Controlling-Vergleichsarten.

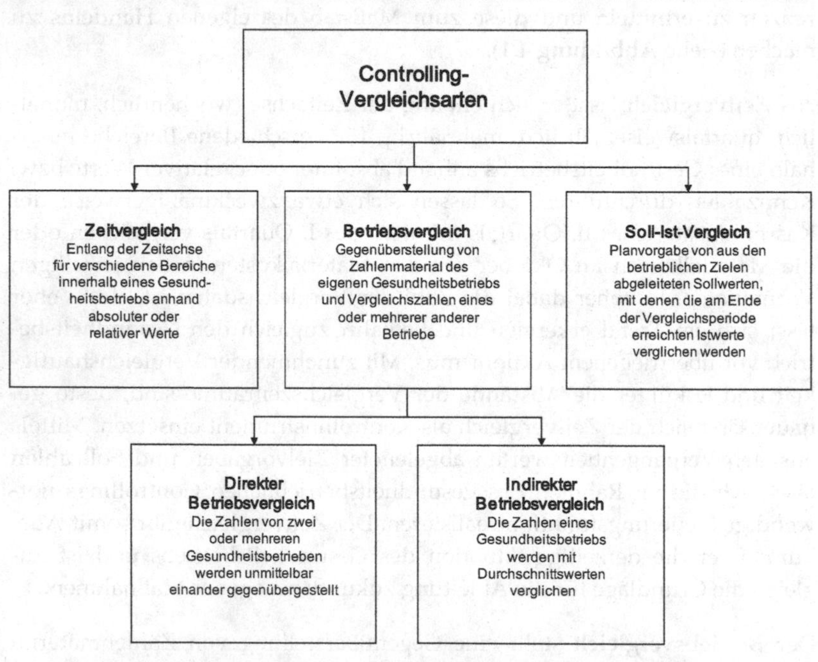

Während beim *direkten* Betriebsvergleich die Zahlen von zwei oder mehreren Gesundheitsbetrieben unmittelbar einander gegenübergestellt werden, wird beim *indirekten* Betriebsvergleich eine Gegenüberstellung der Zahlen eines Gesundheitsbetriebs mit Durchschnittswerten vorgenommen. Diese werden in regelmäßigen Abständen beispielsweise in den Berichten des *Statistischen Bundesamtes* zum Gesundheitswesen, von ärztlichen oder zahnärztlichen Standesorganisationen bzw. von Institutionen wie der *Bundesärztekammer (BÄK)*, dem *Bundesministerium für Gesundheit (BMG)*, dem *Deutschen Evangelischen Krankenhausverband (DEKV)*, der *Deutschen Krankenhausgesellschaft e.V. (DKG)*, der *Kassenärztlichen Bundesvereinigung (KBV)*, dem *Katholischen Krankenhausverband Deutschland (KKVD)* oder der *Kassenzahnärztliche Vereinigung (KZV)*. veröffentlicht. Der Vergleich mit den auf diese Weise statistisch ermittelten Werten eines „Musterbetriebs" sollte jedoch in erster Linie nur als Orientierungshilfe verwendet und nur bei massiven Abweichungen als Maßstab von Steuerungsmaßnahmen verwendet werden, da die statistischen Daten in der Regel nicht um individuelle Einflüsse bereinigt sind und somit eine direkte Vergleichbarkeit mit dem eigenen Gesundheitsbetrieb nur bedingt gegeben ist. Der Betriebsvergleich ist allerdings ein wesentliches Instrument zur Feststellung der Position des eigenen Gesundheitsbetriebs im Wettbewerbsumfeld.

Eine besondere Form des Betriebsvergleichs ist das **Benchmarking**.

Es bedeutet, dass sich der Gesundheitsbetrieb an den besten Konkurrenten oder an den besten innerbetrieblichern Prozessen orientiert und versucht, deren Leistungsniveau in einen oder mehreren Teilbereichen des Gesundheitsbetriebs zu erreichen. Ziel ist es dabei, Defizite zum *Benchmark* als Vergleichsmaßstab aufzudecken und Anregungen für Verbesserungen der betrieblichen Situation zu gewinnen. Es lassen sich grundsätzlich folgende *Arten* des Benchmarking als Vergleiche anstellen (siehe **Abbildung 4.2**):

- *Benchmarking im Wettbewerb*: Vergleiche mit direkt konkurrierenden Gesundheitsbetrieben.

- *Benchmarking innerhalb des Fachgebiets*: Allgemeine Vergleiche in der Gesundheitsbranche.

- *Internes Benchmarking*: Vergleiche zwischen Organisationseinheiten des eigenen Gesundheitsbetriebs.

**Abbildung 4.2** Benchmarking als Vergleichsinstrument.

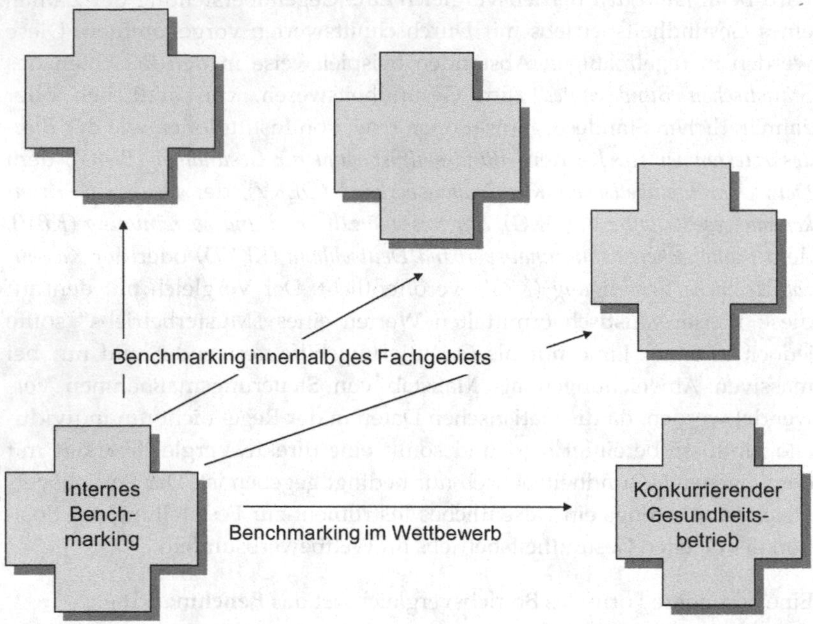

Das *Interne Benchmarking* lässt sich weiter unterteilen in:

- *Perfomance-Kostenbenchmarking*: Der Gesundheitsbetrieb wird als Ganzes mit Kennzahlen verglichen.
- *Funktionales Benchmarking*: Bestimmte Betriebsfunktionen werden als Objekte des Benchmarking zugrunde gelegt.
- *Prozessorientiertes Benchmarking*: Die funktionsübergreifenden Prozesse des Gesundheitsbetriebs stehen dabei im Vordergrund.

Besonders Erfolg versprechend erscheint das Vorhaben, sich nur an den *besten* Gesundheitsbetrieben zu orientieren. Nicht immer befinden sich diese unter der unmittelbaren Konkurrenz. Auch sind nicht alle erfolgreichen Gesundheitsbetriebe in allen Bereichen gleich gut. Das *Leistungsniveau* der *Benchmarks* in einen oder mehreren Teilbereichen des eigenen Betriebs zu erreichen, ist das Ziel, das es dabei zu verwirklichen gilt. Unterschiede zwischen ausgewählten Einrichtungen oder Bereichen sollen im Hinblick auf bestimmte Funktionen aufgedeckt und in Form von Verbesserungspotenzialen dargestellt werden. Oft wird dadurch eine kreative „Unruhe" in den beteiligten Gesundheitsbetrieben erzeugt und festgestellte bessere Leistungsparameter von Vergleichseinrichtungen in adäquate Zielvorgaben transformiert. Die Ursachen für das unterschiedliche Leistungsniveau, die in unterschiedlichen Prozessen, organisatorischen Defiziten oder auch unzureichender Weiterbildung liegen können, sollen analysiert und danach Maßnahmen zur Verbesserung der untersuchten Bereiche festgelegt werden. Um davon zu profitieren und gleichzeitig den Aufwand für die eigene Erarbeitung bestmöglicher Lösungen zu reduzieren, wird beim Benchmarking externes Wissen auf interne Problemstellungen übertragen. Nach *R. Camp* umfasst die *Vorgehensweise* des Benchmarkings in der Regel zehn Schritte, die sich in folgende Aufgaben gliedern (siehe **Abbildung 4.3**):

- Planung,
- Analyse,
- Integration,
- Aktion.

**Abbildung 4.3** Ablauf des Benchmarkings in Anlehnung an *R. Camp.*

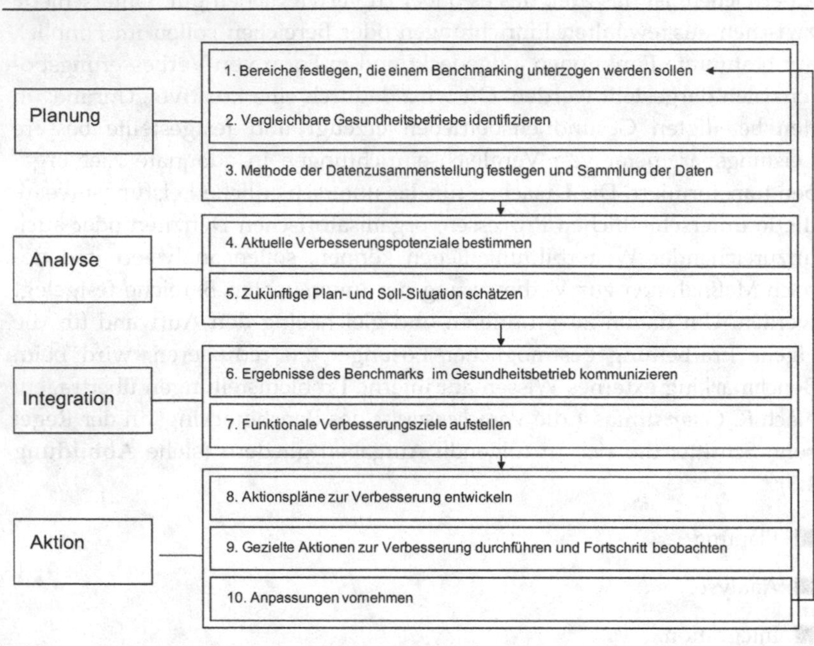


Durch die Verknüpfung der Aktionsphase mit der Planungsphase wird deutlich, dass sich das Benchmarking als fester Bestandteil im Sinne eines ständigen Organisationsentwicklungsprozesses integrieren lässt.

Da das Benchmarking vorbereitet sein muss, ist zunächst im Rahmen der Planung zu definieren, was mit dem Benchmarking erreicht und welche Bereiche des Gesundheitsbetriebs dabei berücksichtigt werden sollen. Um möglichst gute Vergleichswerte erzielen zu können, ist es wichtig, dass die zum Vergleich herangezogenen Betriebe oder relevanten Organisationseinheiten aus anderen Bereichen mit dem eigenen Betrieb strukturell identisch sind. Die zu vergleichenden Daten sollten direkt bei dem Vergleichspartner erhoben werden und müssen zu diesem Zweck in ausreichendem Maße zur Verfügung stehen. Die Abweichungen der verglichenen Daten lassen sich in Form von Verbesserungspotenzialen in der anschließenden Analysephase feststellen. Anhand der Ergebnisse sind die Plausibilität und

Validität der Daten abschließend zu überprüfen und Messfehler auszuschließen. Abschließend ist einzuschätzen, ob sich die Situation in den Bereichen mit deutlichen Abweichungen verbessern lässt. Dadurch, dass die Ergebnisse des Benchmarking mit den Mitarbeitern diskutiert werden, lassen sich die nötige Einsicht erzeugen und beispielsweise dringende Maßnahmen zur Reduzierung umsetzen. In der Aktionsphase sind Kostenziele in Form gewünschter Sollzustände zu setzen und Maßnahmenpläne aufzustellen. Die Maßnahmenpläne sollten benennen, was wie verändert werden kann, ohne den Vergleichsbetrieb kopieren zu müssen, und wer im eigenen Bereich dafür zuständig ist. Dabei ist es zweckmäßig in den Aktionsplänen Folgendes festzuhalten:

- Zuständigkeiten,
- Termine,
- Einzelaufgaben,
- Umsetzungskontrolle.

In diesem Zusammenhang sind die Überwachung der Maßnahmenumsetzung und des Ergebnisforschrittes wichtig. Zudem muss klar sein, wie im Bedarfsfall im Sinne des Controlling-Regelkreises Anpassungen vorzunehmen sind bei:

- unwirtschaftlich erscheinenden Verbesserungen,
- nur mit einem unvertretbar hohen Aufwand zu erreichende Optimierungen,
- sich als unrealistisch erweisenden Verbesserungszielen.

Das *Diakonische Werk* der *Landeskirche Hannover* bietet beispielsweise seinen Mitgliedern im *Netzwerk Pflege* ein Benchmarking für Diakonie-/Sozialstationen und stationäre Einrichtungen an. Dabei wird ambulanten und stationären Einrichtungen die Möglichkeit angeboten, mehr als 100 Kennzahlen, bezogen auf die Einrichtung und im Vergleich mit anderen Einrichtungen, auszuwerten. Wirtschaftliche Steuerungserfordernisse werden ebenso erkennbar wie mögliche Qualitätsverbesserungen. Monatliche Berichte bieten Leitungskräften relevante Informationen zur Planung, Steuerung und Kontrolle von Kosten und Leistungen der Einrichtung. Im Einzelnen umfasst das Angebot:

- Bereitstellung einer Benchmark Online-Datenbank,
- Anwenderschulungen,
- Unterstützung bei der Integration von Benchmarks online in die betrieblichen Prozesse und bei der Dateneingabe,
- Erstellung aussagefähiger Monatsberichte und Kennzahlen,
- Unterstützung bei der Datenanalyse,
- Vorschlag geeigneter Benchmark-Partner,
- Beratung bei der Entwicklung von Verbesserungsmaßnahmen,
- moderierte Benchmark-Zirkel.

Der **Soll-Ist-Vergleich** setzt die Planvorgabe von aus den Zielen des Gesundheitsbetriebs abgeleiteten Sollwerten voraus, mit denen die am Ende der Vergleichsperiode erreichten Istwerte verglichen werden. Insofern stellt er eine Ergänzung des Zeitvergleichs dar, allerdings mit dem Unterschied, dass zusätzlich zur Beobachtung der Entwicklung entlang der Zeitachse die bewusste Setzung von Zielvorgaben in Form der Sollwerte hinzukommt. Beide Vergleichsarten können auch parallel durchgeführt werden und ergänzen sich beispielsweise dann sinnvoll, wenn die Entwicklung eines jährlichen Soll-Ist- Vergleichswertes im Zeitvergleich monatlich beobachtet wird. Wenn die Materialkosten von Monat zu Monat steigen, so kann ein Sollwert von fünf Prozent weniger Kosten am Jahresende nicht erreicht werden. Auf diese Weise wird dem Gesundheitsbetrieb Gelegenheit gegeben, kurzfristig steuernd einzugreifen, um den Sollwert am Jahresende noch zu erfüllen, oder aber auch den Sollwert unter Umständen zu korrigieren, wenn eine allzu euphorische Zielvorgabe unrealisierbar erscheint. Wesentliche Voraussetzungen für den Soll-Ist-Vergleich sind die Aktualität der Vergleichsdurchführung, sowie eine einheitliche Festlegung und Aufnahme der Soll-Ist-Daten. Werden alte oder unterschiedlich zustande gekommene Soll- und Istwerte miteinander verglichen, so geht die Aussagefähigkeit des Soll-Ist-Vergleichs verloren. Auch dürfte in den seltensten Fällen der erzielte Ist- mit dem Sollwert genau übereinstimmen. Das ist auch nicht notwendig, denn im Rahmen des betrieblichen Controllings geht es in erster Linie um den Steuerungseffekt anhand des Vergleichsinstrumentariums und erst in zweiter Linie um eine perfektionierte Kontrolle mit exakter Erreichung vorgegebener Werte.

Die wichtigsten Merkmale der einzelnen Vergleichsarten sind nochmals in **Tabelle 4.1** dargestellt:

**Tabelle 4.1** Merkmale der Controlling-Vergleichsarten.

| Vergleichsart | Häufigkeit | Vergleichsobjekt | Vorgaben |
|---|---|---|---|
| Soll-Ist-Vergleich | einmalig | Sollwerte<br>Istwerte | Sollvorgaben |
| Betriebsvergleich | einmalig | individuelle Daten<br>Durchschnittswerte<br>Benchmarking | individuelle Vorgaben<br>Durchschnittswerte<br>Benchmarking-Vorgaben |
| Zeitvergleich | wöchentlich<br>monatlich<br>quartalsweise<br>vierteljährlich<br>jährlich<br>mehrjährig | Daten aus der Vergangenheit | keine Vorgaben |

Die **Differenzanalyse** schließt sich notwendigerweise an einen Zeit-, Praxis- oder Soll-Ist-Vergleich an. Sie geht von der Höhe der jeweiligen positiven oder negativen Abweichungen der jeweiligen Vergleichswerte aus und versucht die Ursachen hierfür festzustellen. Nicht immer liegen die Ursachen etwa in tatsächlichen Kostensteigerungen, Einnahmenerhöhungen oder Veränderungen in der Patientenstruktur. Mitunter liegen auch Berechnungsfehler, Ermittlungsfehler, Falschbuchungen, fehlerhafte Weitergabe von Informationen zur Finanzbuchhaltung oder auf dem Weg zum Steuerberater vor. Es ist daher wichtig, bevor es zum Ergreifen von Korrekturmaßnahmen im Gesundheitsbetrieb kommt, die Plausibilität insbesondere der Istwerte zu überprüfen. Vermeintlich negative Differenzen können ebenso zu falschen Schlussfolgerungen führen wie positive Abweichungen, die Nachlässigkeit erzeugen oder zu Unrecht den Gesundheitsbetrieb auf dem rechten Weg wiegen können.

Bei der Differenzanalyse sind *negative* und *positive* Abweichungen gleichermaßen zu berücksichtigen.

> Fallen in einem Jahr statt 4 Millionen Euro (Sollwert) geplanter Gesamtkosten einer Pflegeeinrichtung 4,5 Millionen Euro (Istwert) an, so ist die Differenz in Höhe von 500.000 Euro als *negative* Abweichung aufzufassen, die eine Gegensteuerung erforderlich macht (beispielsweise Ergreifung von Kostensenkungsmaßnahmen). Werden allerdings die Fallzahlen einer Zahnarztpraxis beispielsweise um 20 Prozent überschritten, so kann dieser Wert aufgrund des höheren Patientenzuspruchs zunächst als *positive* Abweichung verstanden werden. Auch hier ist zu überprüfen, ob der Sollwert nicht vielleicht zu gering angesetzt war.

Da man davon ausgehen kann, dass nicht jeder Gesundheitsbetrieb in allen Bereichen überaus erfolgreich arbeitet, sind bei dauerhaft hohen positiven Abweichungen in der Regel die Sollwerte falsch gewählt, was den Steuerungseffekt des betrieblichen Controllings entsprechend verringert. (Außerdem ist zu berücksichtigen, dass die erhöhten Fallzahlen aufgrund von GKV-Budgetierungen zu Einnahmeausfällen in Form nicht honorierter Leistungen führen können.)

Da eine „Punktladung" in den seltensten Fällen vorkommt und die Differenzanalyse in der Regel immer Abweichungen aufweist, sind praktikablerweise *Toleranzbereiche* für die Sollwerte festzulegen. Sie können als relative Bandbreiten eines Sollwertes definiert werden (beispielsweise +/- 5 Prozent) oder als maximaler bzw. minimaler absoluter Wert (beispielsweise Sollwert Praxiskosten pro Jahr: 300.000 – 320.000 Euro). Allerdings sollte man bei den Toleranzbereichen darauf achten, dass die Bandbreiten nicht zu groß gewählt werden, um den Kontroll- und Steuerungseffekt nicht zu verringern.

## 4.2 Kennzahlensteuerung

Betriebliche Kennzahlen sind vordefinierte Zahlenrelationen, die durch Kombination von Zahlen des Rechnungswesens entstehen, regelmäßig ermittelt werden und aus denen sich Aussagen zu betriebswirtschaftlichen Sachverhalten des Gesundheitsbetriebs komprimiert und prägnant ableiten lassen. Sie dienen dazu, aus der Fülle betriebswirtschaftlicher Informationen wesentliche Auswertungen herauszufiltern, die betriebliche Situation zutreffend widerzuspiegeln und einen schnellen und komprimierten Überblick über die Strukturen des Gesundheitsbetriebs zu vermitteln. Daneben werden Kennzahlen auch dazu verwendet, um bewusst auf eine detaillierte Informationserfassung zu verzichten und nur einen kleinen Ausschnitt des insgesamt im Gesundheitsbetrieb Erfassbaren abzubilden.

*Absolute* Kennzahlen im Gesundheitsbetrieb können beispielsweise die Werte für Umsatz, Kosten und Gewinn sein, während die Umsatzrentabilität oder die Fluktuationsquote der Mitarbeiter *relative* Kennzahlen darstellen. *Produktivitätskennzahlen* messen beispielsweise die Produktivität der Mitarbeiter und der medizintechnischen Einrichtungen, bei *Rentabilitätskennzahlen* werden als Beispiel genau definierte Kosten zu bestimmten Leistungseinheiten ins Verhältnis gesetzt und *Qualitätskennzahlen* können den Grad einer Zielerreichung ausdrücken (siehe **Abbildung 4.4**).

**Abbildung 4.4** Kennzahlenarten für den Gesundheitsbetrieb.

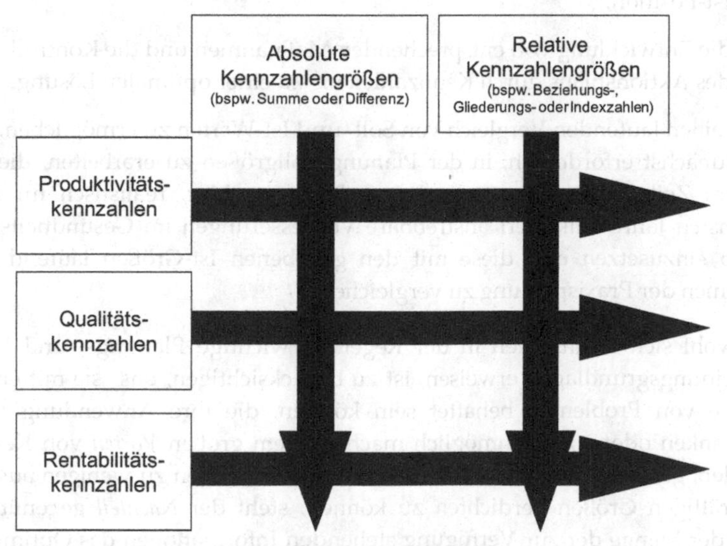

*Produktivitätskennzahlen* geben beispielsweise Aufschluss über die Produktivität des Gesundheitsbetriebs und seiner Mitarbeiter, bei *Wirtschaftlichkeitskennzahlen* oder *Rentabilitätskennzahlen* werden beispielsweise genau definierte Kosten zu bestimmten Leistungseinheiten ins Verhältnis gesetzt und *Qualitätskennzahlen* dienen der Beurteilung des Grades der jeweiligen Zielrichtung.

Kennzahlen können als wichtiges Instrument der Betriebsführung dazu beitragen, Planung, Steuerung und Kontrolle mit dem Ziel optimierter Zuordnungen und möglichst wirtschaftlicher Abläufe sichern zu helfen. Wie auch im Gesamtsystem des Gesundheitsbetriebs dienen die Kennzahlen insbesondere mit ihren Querfunktionen und Zuordnungen der exakten Verfolgung der Vorgänge, ihrer Beurteilung nach Rentabilität sowie der optimalen Zuordnung von Teilvorgängen im Gesamtsystem mit den anderen Bereichen und Funktionen. Sie haben bei der Erkennung von Störgrößen und Engpässen im Wesentlichen drei Aufgaben zu erfüllen:

- Die Analyse des Ist-Zustands des Gesundheitsbetriebs und die Festlegung der Schwachstellen,
- die Entwicklung einer neuen Soll-Position gegenüber der bisherigen Ist-Position,
- die Entwicklung von entsprechenden Maßnahmen und die Kontrolle des Aktionsplans durch Kennzahlen bis zu einer optimalen Lösung.

Um einen laufenden Vergleich von Soll- und Ist-Werten zu ermöglichen, ist es zunächst erforderlich, in der Planung Sollgrößen zu erarbeiten, die in einem Zeitraum x anzustreben sind. Hierzu gehört, realistisch für die nächsten Jahre kalkuliert anstrebbare Verbesserungen im Gesundheitsbetrieb einzusetzen und diese mit den gegebenen Ist-Größen laufend im Rahmen der Praxisplanung zu vergleichen.

Obwohl sich Kennzahlen in der Regel als wichtige Planungs- und Entscheidungsgrundlagen erweisen, ist zu berücksichtigen, dass sie mit einer Reihe von Problemen behaftet sein können, die ihre Anwendung einschränken oder sogar unmöglich machen. Dem großen *Vorteil* von Kennzahlen, große und schwer überschaubare Datenmengen zu wenigen aussagekräftigen Größen verdichten zu können, steht der *Nachteil* gegenüber, aus der Menge der zur Verfügung stehenden Informationen das Optimum herauszuholen. Häufige Fehler bei der Anwendung von Kennzahlen im Gesundheitsbetrieb gilt es, durch geeignete Maßnahmen zu vermeiden (siehe **Tabelle 4.2**).

**Tabelle 4.2** Vermeidung von Anwendungsfehlern bei Kennzahlen im Gesundheitsbetrieb.

| Fehlerbereiche | Vermeidungsstrategien |
|---|---|
| Kennzahleninflation | Die Gefahr einer Kennzahleninflation entsteht dann, wenn für den Gesundheitsbetrieb zu viele Kennzahlen gebildet werden, deren Aussagewert im Verhältnis zum Erstellungsaufwand letztlich zu gering ist bzw. schon von anderen Kennzahlen abgedeckt wird. |
| Kennzahlenaufstellung | Um Fehler bei der Kennzahlenaufstellung zu vermeiden, sind die zur Bildung der Kennzahlen herangezogenen Basisdaten des Gesundheitsbetriebs genau zu spezifizieren und exakt abzugrenzen. Sich im Zeitverlauf möglicherweise ergebendes falsches Zahlenmaterial könnte ansonsten zu Fehlentscheidungen führen. |
| Kennzahlenstandardisierung | Eine Standardisierung von Kennwerten ist erforderlich, um deren Vergleichbarkeit im Zeitablauf zu gewährleisten. |

| Fehlerbereiche | Vermeidungsstrategien |
|---|---|
| Kennzahlenkonsistenz | Um keine mangelnde Konsistenz von Kennzahlen zu erzeugen, darf die Verwendung mehrerer Kennzahlen in einem Kennzahlensystem des Gesundheitsbetriebs keinen Widerspruch auslösen. Es sollten nur solche Größen zueinander in Beziehung gesetzt werden, zwischen denen ein Zusammenhang besteht. Fehlende Konsistenz kann ansonsten zu gravierenden Entscheidungsfehlern im Gesundheitsbetrieb führen. |
| Kennzahlenkontrolle: | Um Probleme der Kennzahlenkontrolle zu verringern, sollten nur solche Kennzahlen gebildet werden, deren Werte bei Abweichungen im Gesundheitsbetrieb beeinflusst werden können. Dabei wird zwischen direkt und indirekt kontrollierbaren Kennzahlen unterschieden. Im erst genannten Fall kann ein Soll-Wert durch die Wahl einer oder mehrerer Aktionsvariablen beeinflusst werden, während dies bei indirekt kontrollierbaren Kennzahlen nicht der Fall ist. |

## 4.3 Kennzahlenbeispiele

Aus den dargestellten Grenzen der Anwendbarkeit von Einzelkennzahlen ergibt sich die Notwendigkeit einer integrativen Erfassung von Kennzahlen für den Gesundheitsbetrieb. Ziel einer solchen integrativen Erfassung ist es, mittels einer umfassenden Systemkonzeption Mehrdeutigkeiten in der Interpretation auszuschalten und Abhängigkeiten zwischen den Systemelementen zu erfassen.

Als **Kennzahlensystem** bezeichnet man die systematische Zusammenstellung von quantitativen Einzelkennzahlen eines Gesundheitsbetriebs, die in einer sachlich sinnvollen Beziehung zueinander stehen, sich ergänzen und insgesamt auf ein übergeordnetes Gesamtziel ausgerichtet sind. Es handelt sich dabei um ein System, das die entscheidungsrelevanten Sachverhalte und Prozesse im Gesundheitsbetrieb systematisch abbildet. Ausgehend von der begrenzten Aussagefähigkeit von Einzelkennzahlen dient die systematische Zusammenstellung von gesundheitsbetrieblichen Kennzahlen dazu, in knapper und konzentrierter Form alle wesentlichen Informationen für eine umfassende Planung und Kontrolle von Entscheidungen im Gesundheitsbetrieb bereitzustellen.

Man unterscheidet dabei *mathematisch* verknüpfte Kennzahlensysteme, die vorliegen, wenn die Einzelkennzahlen des gesundheitsbetrieblichen Kennzahlensystems durch mathematische Operationen miteinander verbunden werden. Die Übersichtlichkeit und Aussagefähigkeit dieses Kennzahlensystems wird aber dadurch stark eingeschränkt, dass bei dieser Vorgehensweise sehr viele Hilfskennzahlen als „mathematische Brücken" in Kauf genommen werden.

Sobald die Summe der Einzelkennzahlenwerte über die gesamte Prozesskette zu berechnen ist, stößt für gesundheitsbetriebliche Sachverhalte ein solches mathematisch verknüpftes Kennzahlensystem an seine Grenzen. So entspricht zum Beispiel die Summe der Patientendurchlaufzeiten an der Rezeption, in der Anamnese, in der Diagnose, beim Röntgen etc. nicht automatisch der Gesamtdurchlaufzeit, da Unterbrechungen vorkommen.

Bei einem *systematisch* verknüpften gesundheitsbetrieblichen Kennzahlensystem wird ausgehend von einem Oberziel ein System von Kennzahlen gebildet, das lediglich die wesentlichen Entscheidungsebenen mit einbezieht. Die Ergebnisse aus diesen wesentlichen Entscheidungssystemen lassen die Erfolgsauswirkungen auf das Oberziel erkennen. Bezogen auf den Gesundheitsbetrieb bedeutet dies, dass das Oberziel in Unterzielsetzungen heruntergebrochen wird und dann für alle Betriebsbereiche entsprechende Kennzahleninhalte und -werte definiert werden. Im extremen Fall aber ist hierbei auf jeden relevanten Planungs- und Kontrollinhalt eine Kennzahl zu setzen.

Noch genauer als beim systematisch verknüpften Kennzahlensystem wird beim *empirisch* begründeten Kennzahlensystem vorgegangen: Denn es wird sich lediglich auf diejenigen Funktionen im Gesundheitsbetrieb beschränkt, die das Erfolgsziel auch tatsächlich beeinflussen. Dieses System zeichnet sich dadurch aus, dass man bei komplexen Entscheidungen durch einen Reduktionsprozess von der gesundheitsbetrieblichen Realität zur modellmäßigen Abbildung durch aggregierte Kennzahlen gelangt und sich bei der Kennzahlenbildung auf die erfolgsrelevanten Bestandteile und damit auf wichtige Kennzahlen konzentriert.

*Ziele* eines Kennzahlensystems für den Gesundheitsbetrieb sind daher unter anderem:

- Optimale Lösung von Zielkonflikten im Gesundheitsbetrieb,
- eindeutige Vorgabe von Zielen für den Gesundheitsbetrieb und seine einzelnen Verantwortungsbereiche,
- frühzeitige Erkennung von Abweichungen,
- systematische Suche nach Schwachstellen und ihren Ursachen,
- Erschließung von Rationalisierungspotenzialen.

Anhand der Ziele lassen sich folgende *Funktionen* ableiten, die ein Kennzahlensystem für den Gesundheitsbetrieb leisten muss:

- *Operationalisierungsfunktion*: Bildung von Kennzahlen zur Operationalisierung von Zielen und Zielerreichung (Leistungen).
- *Anregungsfunktion*: Laufende Erfassung von Kennzahlen zur Erkennung von Auffälligkeiten und Veränderungen.
- *Vorgabefunktion*: Ermittlung kritischer Kennzahlenwerte als Zielgrößen für Teilbereiche des Gesundheitsbetriebs.
- *Steuerungsfunktion*: Verwendung von Kennzahlen zur Vereinfachung von Steuerungsprozessen.
- *Kontrollfunktion*: Laufende Erfassung von Kennzahlen zur Erkennung von Soll-Ist-Abweichungen.

Die Problematik der Schaffung eines funktionierenden Kennzahlensystems für den Gesundheitsbetrieb hat zur Folge, dass die meisten Kennzahlensysteme oft nur der statistischen Analyse zum Zeitpunkt x dienen, oder aber, dass sogenannte Ablaufkennzahlen nur partielle Aussagen zu Detailbereichen zulassen. Es fehlt also an der Darstellung des gesamten Prozessorganisation und ihrer Zusammenhänge bzw. deren Erfassung in Kennzahlensystemen, die als Instrument für die Planung, Steuerung und Kontrolle dieser Funktionen geeignet sind.

Die *Entwicklung* eines individuellen Kennzahlensystems für den Gesundheitsbetrieb umfasst in der Regel folgende Schritte (siehe **Tabelle 4.3**):

**Tabelle 4.3** Entwicklung eines individuellen Kennzahlensystems für den Gesundheitsbetrieb.

| Nr. | Definition | Erläuterung |
|---|---|---|
| 1 | Ziele | Festlegung und Gewichtung der Ziele des Gesundheitsbetriebs |
| 2 | Kennzahlen | Festlegung der Kennzahlen zum gesundheitsbetrieblichen Controlling |
| 3 | Kennzahlen-empfänger | Auswahl der Kennzahlen-Empfänger (Klinikleitung, Pflegeleitung, Arzt, Praxispersonal, Steuerberater u. a.) |
| 4 | Informationsquellen | Sicherung der Informationsquellen und Vergleichsgrundlagen |
| 5 | Erhebungszeitraum | Festlegung der Erhebungszeitpunkte bzw. -räume |
| 6 | Verantwortlichkeiten | Auswahl der Verantwortlichkeiten für die Erstellung der Kennzahlen. |
| 7 | Darstellungsart | Festlegung der Darstellung der Kennzahlenergebnisse |

Will ein Gesundheitsbetrieb eine effiziente Arbeit mit Kennzahlen erreichen, so muss er diese an seinen Bedürfnissen ausrichten. Unter Berücksichtigung der Qualifikationsstruktur seiner Mitarbeiter und seiner Größe stellt er sehr unterschiedliche Anforderungen an ein Kennzahlensystem. In der Regel kann der Gesundheitsbetrieb unter sehr vielen üblichen Kennzahlen die für ihn am besten geeigneten auswählen, um so auf ein „maßgeschneidertes Kennzahlensystem" zu kommen. Ob die jeweilige Kennzahl für ihn geeignet erscheint, lässt sich beispielsweise anhand folgender Fragen beantworten:

- Sind die Kennzahlen steuerungsrelevant?
- Wie wirkungsvoll sind die Kennzahlen?
- Werden sie schnell einen Veränderungsbedarf zeigen?
- Kann ihre Steuerungsrelevanz entfalten?
- Sind die Kennzahlen leicht verständlich?
- Birgt die Kennzahl die Gefahr, leicht fehlinterpretiert zu werden?
- Stimmt der Adressatenbezug?
- Sind die Wirkungszusammenhänge zwischen den Kennzahlen realitätsnah, passend und zweckmäßig abgebildet?

Nach der getroffenen Auswahl an Kennzahlen bieten sich dem Gesundheitsbetrieb Gestaltungsspielräume hinsichtlich der Gliederung der einzelnen Kennzahlen sowie bei der Festlegung der Erhebungszeitpunkte bzw. -räume (siehe **Tabelle 4.4**).

**Tabelle 4.4** Kennzahlenbeispiele zur Steuerung des Gesundheitsbetriebs.

| Kennzahl | Formel | Beschreibung |
|---|---|---|
| Leistungskennzahlen | | |
| Fallzahlen stationär | Absolute stationäre Fallzahlen | Fallzahlentwicklung |
| Fallzahlen ambulant | Absolute ambulante Fallzahlen | Fallzahlentwicklung |
| durchschnittl. Pflegetage | Gesamtzahl Pflegetage ÷ Patientenanzahl (stationär) | Entwicklung der durchschnittl. Pflegetage |
| Bettenauslastungsgrad | [(Gesamtzahl Betten x mögliche Belegungs-tage) ÷ tatsächliche Belegungstage] x 100 | Entwicklung der Bettenbelegung |
| Rentabilitätskennzahlen | | |
| Eigenkapitalrentabilität | (Betriebsgewinn ÷ Eigenkapital) x 100 | Sicherstellung der Mindestverzinsung des Eigenkapitals |
| Gesamtkapitalrentabilität | [(Betriebsgewinn + Fremdkapitalzinsen) ÷ Gesamtkapital] x 100 | Ausdruck für die Leistungsfähigkeit des in dem Gesundheitsbetrieb arbeitenden Kapitals |
| Umsatzrentabilität | (Betriebsgewinn ÷ Betriebsumsatz) x 100 | Anteil des Betriebsgewinns und der Kosten am Gesamtumsatz |
| Return on Investment | (Betriebsgewinn ÷ Betriebsumsatz) x (Betriebsumsatz ÷ gesamtes investiertes Kapital) | Verhältnis des gesamten investierten Kapitals und des Betriebsumsatzes zum Betriebsgewinn |

| Kennzahl | Formel | Beschreibung |
|---|---|---|
| Cashflow | Betriebseinnahmen (zahlungswirksame Erträge) – Betriebsausgaben (zahlungswirksame Aufwendungen) | Umsatzüberschuss oder Finanzüberschuss, der sich als Nettozugang an flüssigen Mitteln aus der Umsatztätigkeit innerhalb eines Zeitraums darstellt |
| Zuwachsraten | | |
| Umsatzzuwachsrate | (Betriebsumsatz Periode A ÷ Betriebsumsatz Periode B) x 100 | Entwicklung des Betriebsumsatzes |
| Gewinnzuwachsrate | (Betriebsgewinn Periode A ÷ Betriebsgewinn Periode B) x 100 | Entwicklung des Betriebsgewinns |
| Kostenzuwachsrate | (Betriebskosten Periode A ÷ Betriebskosten Periode B) x 100 | Entwicklung der Betriebskosten |
| Liquiditätskennzahlen | | |
| 1. Liquiditätsgrad | Zahlungsmittelbestand ÷ kurzfristige Verbindlichkeiten | Verhältnis zwischen Zahlungsmittelbestand und kurzfristigen Verbindlichkeiten |
| 2. Liquiditätsgrad | Zahlungsmittelbestand + kurzfristige Forderungen ÷ kurzfristige Verbindlichkeiten | Verhältnis zwischen Teilen des Umlaufvermögens und kurzfristigen Verbindlichkeiten |
| 3. Liquiditätsgrad | Umlaufvermögen ÷ kurzfristige Verbindlichkeiten | Verhältnis zwischen gesamtem Umlaufvermögen und kurzfristigen Verbindlichkeiten |

| Kennzahl | Formel | Beschreibung |
|---|---|---|
| Mitarbeiterkennzahlen | | |
| Monatl. Arbeitsstunden | Gesamtzahl der monatlichen Arbeitsstunden ÷ Anzahl der Betriebsangehörigen | Entwicklung der durchschnittlichen Arbeitszeiten je Betriebsangehörigen |
| Überstundenquote | (Ist-Arbeitsstunden ÷ Soll-Arbeitsstunden) x 100 | Einsatzbereitschaft des Betriebspersonals; Personalbemessung |
| Krankheitsquote | (Anzahl aller Kranken ÷ Summe aller Mitarbeiter) x 100 | Ausfallzeiten des Betriebspersonals |
| Fluktuationsquote | (Anzahl der Personalaustritte ÷ durchschnittl. Zahl der Mitarbeiter) x 100 | Personalbewegungen; Arbeitsplatzzufriedenheit |

**Rentabilitätskennzahlen** geben das Verhältnis zwischen einer Erfolgsgröße und beispielsweise dem eingesetzten Kapital im Gesundheitsbetrieb wieder. So beschreibt die **Eigenkapitalrentabilität**, ob sich der Einsatz des Eigenkapitals gelohnt hat. Man fordert, dass das eingesetzte Eigenkapital eine gewisse Mindestverzinsung erfährt, die sich aus dem marktüblichen Zinssatz und einer Risiko- und Kapitalerhaltungsprämie zusammensetzt.

Die **Gesamtkapitalrentabilität** ist Ausdruck für die Leistungsfähigkeit des im Gesundheitsbetrieb arbeitenden Kapitals. Gewinn und Fremdkapitalkosten werden zu einer Größe zusammengefasst und auf das durchschnittlich gebundene Kapital bezogen. Das Prozentergebnis zeigt den Erfolg des gesamten Kapitaleinsatzes. Ferner zeigt die Gesamtkapitalrendite den Grenzzinssatz an, der für zusätzliches Fremdkapital erwartet werden kann. Die Eigenkapitalrentabilität kann nämlich so lange gesteigert werden, wie der Zinssatz für Fremdkapital unter der Rentabilität des Gesamtkapitals liegt. Sinkt die Gesamtkapitalrendite nachhaltig unter den Fremdkapitalzins, ist das ein wichtiges Warnsignal.

Die **Umsatzrentabilität** beschreibt, mit welchem Umsatz welcher Gewinn erzielt wird. Sie sollte eine Rendite widerspiegeln, die multipliziert mit dem Kapitalumschlag eine vernünftige Gesamtkapitalrentabilität entstehen lässt.

Der **Return on Investment (RoI)** beschreibt die Rentabilität des gesamten Kapitaleinsatzes und stellt dar, wie das eingesetzte Kapital durch die Leistung des Gesundheitsbetriebs verzinst wird. Dabei arbeitet der Gesundheitsbetrieb umso leistungsfähiger und effizienter, je höher der RoI ist. Die Rentabilitätsrechnung des RoI kann sich die sowohl auf den gesamten Gesundheitsbetrieb als auch auf Teilbereiche oder die Vorteilhaftigkeit einzelner Investitionen beziehen. Im Rahmen der Analyse von Kennzahlen errechnet sich das RoI üblicherweise aus dem Verhältnis des gesamten investierten Kapitals und des Umsatzes zum Gewinn. Generell werden bei der Berechnung des investierten Kapitals Bruttoanlagewerte für die Einrichtung (Anschaffungskosten) wie auch Nettoanlagewerte (Anschaffungskosten minus Abschreibungen) verwendet. Daher kann der RoI nicht unmittelbar aus der Einnahme-/ Überschussrechnung abgeleitet werden.

Der RoI kann anstelle der Berücksichtigung des Gewinns auch mit dem **Cashflow** als Erfolgskennzahl gebildet werden. Es handelt sich dabei um den Umsatzüberschuss oder Finanzüberschuss eines Gesundheitsbetriebs, der sich als Nettozugang an flüssigen Mitteln aus der Umsatztätigkeit innerhalb eines Zeitraums darstellt. Der Cashflow ist eine gebräuchliche, sehr aussagefähige Kennzahl zur Beurteilung der Finanzlage eines Gesundheitsbetriebs. Er kann zum Zeitvergleich herangezogen oder mit dem Cashflow von anderen Gesundheitsbetrieben verglichen werden. Er lässt sich direkt ermitteln aus den Einnahmen (zahlungswirksame Erträge) abzüglich der Ausgaben (zahlungswirksame Aufwendungen) oder indirekt als Gewinn (oder -verlust) zuzüglich Zuführung zu Rücklagen (oder abzüglich Auflösung von Rücklagen, abzüglich Gewinnvortrag aus der Vorperiode (oder zuzüglich Verlustvortag aus der Vorperiode) zuzüglich Abschreibungen und zuzüglich der Erhöhung langfristiger Rückstellungen (oder Verminderung der langfristigen Rückstellungen).

**Zuwachsraten** geben Auskunft über die Entwicklung von Umsatz-, Gewinn- oder Kostengrößen in Vergleichszeiträumen. So drückt die **Umsatzzuwachsrate** die Entwicklung des gesundheitsbetrieblichen Umsatzes durch den Vergleich des Umsatzes einer bestimmten Periode mit einer Vergleichsperiode aus. Entsprechendes gilt für die **Gewinnzuwachsrate**, die **Kostenzuwachsrate** oder andere auf die gleiche Weise ermittelbare Zuwachsraten.

Neben den umsatz-, kosten-, und gewinnbezogenen Kennzahlen gibt es weitere Kennziffern, die Auskünfte über die Ertrags- und Vermögenslage des Gesundheitsbetriebs liefern. So informieren die **Liquiditätskennzahlen** über die Liquidität des Gesundheitsbetriebs und somit beispielsweise darüber, ob zur kurzfristigen Begleichung fälliger Verbindlichkeiten ausreichend eigene Zahlungsmittel zur Verfügung stehen. Das Umlaufvermögen sollte sich mehrmals innerhalb einer Periode umschlagen. Weiterhin gilt, dass der dritte Liquiditätsgrad einen Wert von mindestens 2 aufweisen sollte und dass bezüglich des zweiten Liquiditätsgrades der Wert 1 eine kritische Zahl darstellt.

Für das Controlling des Personalmanagements erweisen sich folgende **Personalkennzahlen** als besonders informativ und zu Kontrollzwecken wichtig:

- Die Zahl der durchschnittlich geleisteten monatlichen Arbeitsstunden lässt auf die Entwicklung der durchschnittlichen Arbeitszeiten je Mitarbeiterin schließen.

- Eine jeweils über 100 Prozent liegende **Überstundenquote** kann einerseits die Einsatzbereitschaft des Personals des Gesundheitsbetriebs zum Ausdruck bringen. Andererseits lässt sie bei dauerhaft hohen Werten aber auch den Schluss zu, dass zuwenig Personal zur Verfügung steht und die Personalbedarfsrechnung des Gesundheitsbetriebs nicht stimmt.

- Über die Ausfallzeiten des Personals gibt die **Krankenausfallquote** Auskunft.

- Die Personalbewegungen und damit auch Aussagen über die Zufriedenheit am Arbeitsplatz lassen sich am besten durch die **Fluktuationsquote** ermitteln. So lässt sich eine niedrige Fluktuationsrate einerseits zwar dahingehend interpretieren, dass die Arbeitsplatzzufriedenheit und die Mitarbeiterführung im positiven Bereich liegen. Andererseits gehen bei derartig geringen Personalbewegungen aber auch keine Impulse von Neueinstellungen aus.

Über die dargestellten Kennziffern hinaus, ließen sich noch zahlreiche weitere Kennzahlen für das gesundheitsbetriebliche Controlling ermitteln. So etwa Kostenkennzahlen, die etwa die Beziehung einzelner Kostenarten zum Umsatz oder Kostendeckungsbeiträgen zum Ausdruck bringen, oder Umsatzkennzahlen, die den Umsatzanteil je Mitarbeiter oder den Anteil einzelner Betriebsbereiche am gesamten Umsatz des Gesundheitsbetriebs widerspiegeln.

Gerade um Marketingmaßnahmen gezielt einsetzen und steuern zu können, benötigt man Informationen über die tatsächliche Patientenzahl und -struktur. Daher sollten die Patientenkartei in regelmäßigen Abständen durchforstet und Patienten, die schon längere Zeit nicht mehr im Gesundheitsbetrieb waren, entweder aus ihr entfernt oder gezielt in die Marketingmaßnahmen einbezogen und damit „reaktiviert" werden. Als relevante Kennzahl lässt sich somit die tatsächliche Patientenzahl des Gesundheitsbetriebs definieren und ihre Entwicklung im Zeitvergleich und auch im Vergleich mit anderen Gesundheitsbetrieben beobachten.

Der Einsatz einer **Balanced Scorecard (BSC)** für die Steuerung des Gesundheitsbetriebs dient dazu, die Erreichung von strategischen Zielen messbar und über die Ableitung von Maßnahmen umsetzbar zu machen. Anhand von Patienten-, Finanz-, Entwicklungs- und Prozessperspektiven lenkt sie im Gegensatz zu klassischen Kennzahlensystemen den Blick auch auf nicht-finanzielle Indikatoren (siehe **Abbildung 4.5**).

**Abbildung 4.5** Beispiel einer Balanced Scorecard für einen Gesundheitsbetrieb.

| Ziel/ Strategisches Thema/ Kennzahl | Entwicklungsbereiche: Verbesserung der Lebensqualität/ Patienten/ Patientenanzahl | Gastgeber-kompetenz/ Mitarbeiter/ Weiterem-pfehlungsquote | Kombinierte Rehabilitation/ Prozesse/ Anzahl Prozess-standards | Dezentrale Bud-getkompetenz/ Finanzen/ Anzahl Ermächtigungen |
|---|---|---|---|---|
| Gesprächsdialog/ Kommunikation/ Note aus Mitarbeiterbefragung | | | | |
| Allianzen mit Zuweisern/ Marketing/ Allianzpartner mit jährlichen Zuweisungen | | | | |
| Partnerschaften/ Kostenträger/ Umsätze aus Partnerschaften | | | | |

**Quelle: In Anlehnung an *Kehl.***

## 4.4 Steuerung auf der Grundlage betriebswirtschaftlicher Auswertungen (BWA)

**Betriebswirtschaftliche Auswertungen (BWA)** basieren in der Regel auf dem Zahlenmaterial der Finanzbuchführung. Auf dieser Grundlage lassen sich Fragen beantworten, die für die Betrachtung und Steuerung eines Gesundheitsbetriebs von großer Bedeutung sind. Die BWA unterstützen die Analyse des Gesundheitsbetriebs. Sie verdichten die in der Finanzbuchführung verarbeiteten Werte nach betriebswirtschaftlichen Aspekten. Die BWA stellen die Situation und die Entwicklung eines Gesundheitsbetriebs anschaulich dar. Als Vergleichsgrößen werden automatisch Vorjahreszahlen zur Verfügung gestellt. Ebenso können alternativ Planwerte herangezogen werden.

Mithilfe einer BWA lässt sich die voraussichtliche wirtschaftliche Lage des Gesundheitsbetriebs besser einschätzen. Die Ergebnisse des Vorjahresvergleiches werden untersucht, die wichtigsten Werte herausgestellt und textlich kommentiert. Die Auswertungen geben ferner in kurzer und prägnanter Form einen Überblick über die wichtigsten Größen des Gesundheitsbetriebs.

Grundlage für eine BWA sind die Buchungsdaten aus der Finanzbuchhaltung des Gesundheitsbetriebs. Sie muss möglichst aktuell und zeitnah die aktuellen Einnahmen und Ausgaben des Gesundheitsbetriebs verbuchen. Die anfallenden Buchungssätze werden auf der Basis eines *Kontenplanes,* der sich aus speziellen Kontenrahmen für den einzelnen Gesundheitsbetrieb individuell ableiten lässt, systematisch zugeordnet und verarbeitet. Der Kontenplan umfasst dazu in der Regel

- Anlagekonten,
- Finanz- und Privatkonten,
- Konten einzelner Kostenarten,
- Bestandskonten,
- Erlöskonten,
- Vortrags- und Abschlusskonten.

Viele, vor allen Dingen kleinere Gesundheitsbetriebe lassen ihre Finanzbuchführung durch den Steuerberater oder eine externe Buchhaltung bearbeiten, welche wiederum in der Regel an die DATEV angeschlossen sind und deren Service und Verarbeitungsprogramme nutzen. Die DATEV e. G. bietet als Genossenschaft Steuerberatern, Wirtschaftsprüfer und Rechtsanwälten aber auch größeren Gesundheitsbetrieben unter anderem spezifische BWA an (siehe **Tabelle 4.5**).

**Tabelle 4.5** Betriebswirtschaftliche Auswertungen für Gesundheitsbetriebe nach DATEV.

| Auswertungsbereich | BWA-Formen |
|---|---|
| Branchenspezifische Lösungen für soziale Einrichtungen | Neben dem Standardschema BWA-Form 01 gibt es kurzfristige Erfolgsrechnungen für soziale Einrichtungen, Bewegungsbilanz und statische Liquidität für stationäre und gemischte Einrichtungen mit und ohne Kennzahlen (BWA-Form 40 / 41), Controllingreport-BWA (BWA-Form 04), kurzfristige Erfolgsrechnungen für ambulante Einrichtungen (BWA-Form 42), Kapitalflussrechnungen (BWA-Form 51), betriebswirtschaftliche Kurzberichte (BKB) |
| Branchenspezifische Lösung für Vereine / Stiftungen und gemeinnützige GmbHs | Ergebnisübersicht ideeller Bereich bis Vermögensverwaltung, Ergebnisübersicht sonstige ertragsteuerfreie Zweckbetriebe, Ergebnisübersicht sonstige ertragsteuerpflichtige wirtschaftliche Geschäftsbetriebe, Zusammenstellung der Bereichsergebnisse, steuerliche Kontrollrechnung, Haushaltsplanung Soll-Ist-Vergleich |

Die Umsatzerlöse in der BWA geben in der Regel Auskunft über die erbrachte Leistung des Gesundheitsbetriebs, indem sie die Gesamtleistung anhand von auf den Erlöskonten verbuchten Zahlungseingängen oder Rechnungsstellungen wiedergeben. Die um den Materialeinkauf oder den Verbrauch an medizinischen Materialien geminderte Gesamtleistung lässt sich als Reinertrag des Gesundheitsbetriebs definieren. Der Materialverbrauch lässt sich aus den Materialkosten entnehmen. Das Betriebsergebnis erhält man, in dem man von dem Reinertrag neben den Materialkosten auch noch alle sonstigen Kosten abzieht. Die Differenz zwischen neutralen Aufwendungen und Erträgen stellt das neutrale Ergebnis dar. Zum vorläufigen Ergebnis gelangt man schließlich durch Abzug des neutralen Ergebnisses vom Betriebergebnis.

Das vorläufige Ergebnis stellt in einer BWA in der Regel das Ergebnis des laufenden Monats dar. Da für den Jahresabschluss noch Abschreibungen und anderweitige Faktoren berücksichtigt werden müssen, kann sich das vorläufige (monatliche) Ergebnis noch anteilig ändern. Die Tatsache, dass die BWA im Vergleich zum Jahresabschluss öfter – in der Regel monatlich – erstellt wird, unterstreicht ihren Charakter einer kurzfristigen Erfolgsrechnung. Einerseits erscheinen somit in der kurzfristigen Erfolgsrechnung der BWA die einzelnen (monatlichen) Buchungsperioden. Ihnen werden andererseits die bis zur jeweiligen Buchungsperiode aufgelaufenen Werte der vorausgehenden Buchungsperioden kumuliert sowie Vorjahresvergleichszahlen gegenübergestellt. Erst dies ermöglicht beispielsweise anhand besonders hoher Abweichungen oder der absoluten Höhe einzelner Differenzen Aussagen zum gesundheitsbetrieblichen Controlling.

So können die absoluten Materialkosten im Monat August auf den ersten Blick niedrig erscheinen. Selbst im Vergleich mit den vorhergehenden Buchungsperioden Juni und Juli können sie relativ abgenommen haben. Betreibt man nun Ursachenforschung, so kann sich im Jahresvergleich feststellen lassen, dass im Urlaubs- und Ferienmonat August jedes Jahr das Behandlungsaufkommen sinkt, der Gesundheitsbetrieb beispielsweise als Zahnarztpraxis vielleicht selbst sogar für einige Tage geschlossen ist. Der Jahresvergleich kann allerdings ans Tageslicht bringen, dass die Praxiskosten im diesjährigen August im Vergleich zum August des vorhergehenden Jahres relativ sogar deutlich gestiegen sind.

Die Genauigkeit der BWA und damit der kurzfristigen Erfolgsrechnung steigt mit der Berücksichtigung jährlicher Entwicklungen in den einzelnen kurzfristigen Analyseperioden. So sollten einmal jährlich, halbjährlich oder quartalsmäßig zu entrichtende Ausgaben anteilsmäßig auf die einzelne Buchungsperiode verrechnet werden. Wird eine jährliche Haftpflichtversicherungsprämie in einer Arztpraxis mit je einem Zwölftel monatlich kalkulatorisch verbucht, so kommt es im Monat der tatsächlichen Zahlung nicht zu einer Verzerrung der Kostensituation. Entsprechendes gilt für die Buchhaltung des Gesundheitsbetriebs, die aktuell sein und anfallende Buchungen umgehend verarbeiten sollte.

# 5 Controllingbereiche im Gesundheitsbetrieb

## 5.1 Medizincontrolling

Das **Medizincontrolling** (i.e.S.) kommt vorwiegend in Krankenhäusern zum Einsatz und wurde hauptsächlich in Zusammenhang mit der Einführung des DRG-Abrechnungssystem installiert. Es stellt eine insofern eine Schnittstelle zwischen Medizin und Verwaltung dar und unterstützt die Geschäftsführung in strategischen Fragen.

> Auszug aus den Aufgabenbereichen des Medizincontrollings des *Diakoniekrankenhauses Friederikenstift gGmbH,* Hannover:
>
> - „Medizinische Dokumentation,
> - Optimierung medizinischer Dokumentation im Krankenblatt und KIS (Orbis),
> - Schulung von Mitarbeitern in klinischer Dokumentation und Krankenaktenführung,
> - Anwendung der Kodierrichtlinien,
> - Gewährleistung von Qualität und Vollständigkeit der Daten nach §301 SGB V,
> - Kontrolle auf formale Richtigkeit und Plausibilität,
> - Monitoring der Kodier-Qualität,
> - Externe Qualitätssicherung,
> - Sicherstellung der Dokumentation in QSOM (Orbis),
> - Überprüfung der Datenqualität,
> - Interne/ Externe Kommunikation,
> - Informationsmanagement,

- Kommunikation mit internen Partnern (Medizin, Pflege, Verwaltung, Vorstand),
- Kommunikation mit externen Partnern (Kostenträgern, MDK, Selbstverwaltung, andere Krankenhäuser, Softwareherstellern),
- Erlössicherung".

Das Medizincontrolling hat somit in erster Linie die Aufgaben einer Qualitätssicherung der medizinischen Dokumentation, wobei die Kodierung und die DRG-Berichterstattung im Vordergrund stehen. Während sich die Berichterstattung vorwiegend auf Fallzahlen, DRG-Häufigkeiten, Nebendiagnosen-, Casemix- und PCCL-Indizes bezieht, denen eher konventionell Vergleichswerte gegenübergestellt werden, gewinnt neben der Kodierung auch das MDK-Management zunehmend an Bedeutung. Bei dem MDK-Management geht es unter anderem darum, die häufig aufwendig zu beantwortenden Nachfragen auf ein Minimum zu reduzieren (siehe **Tabelle 5.1**)

**Tabelle 5.1** Spezielle Aufgabenfelder des Medizincontrollings (i.e.S.).

| Aufgabenfelder | Einzelaufgaben |
|---|---|
| DRG-Berichterstattung | Ermittlung von Fallzahlen, DRG-Häufigkeiten, Nebendiagnosen-, Casemix- und PCCL-Indizes |
| DRG-Optimierung | Ausschöpfung der Erlöspotenziale, Überprüfung von Leistungsvergütungen, stichprobenhafte Überprüfung, ob die Dokumentation und Kodierung den Anforderungen entsprechen |
| MDK-Management | Systematische Erfassung von MDK-Anfragen in einer Datenbank, Analyse der Anfrage, Einhaltung von Reklamationsfristen, Häufigkeiten von Reklamationsarten, Anzahl der Reklamationen pro Kostenträger |

| Aufgabenfelder | Einzelaufgaben |
|---|---|
| Medizinische Kodierung | Überprüfen der Befundberichte, Assoziierung mit bestimmten Diagnosen, Bewertung, ob Haupt- oder Nebendiagnose, Zuweisung von Codes |

Während der **Patient Clinical Complexity Level (PCCL)** einen Wert zwischen 0 und 4 darstellt, der nach einer mathematischen Formel berechnet wird und den patientenbezogenen Gesamtschweregrad beispielsweise in DRG-Klassifikationssystemen repräsentiert, beschreibt der **Case Mix Index (CMI)** die durchschnittliche Schwere der Patientenfälle gemessen an dem gesamten Ressourcenaufwand. Er wird durch Addition von relativen Gewichten den so genannten **Cost Weight (CW)** eines jeden Patientenfalls ermittelt, was als Summe den **Case Mix (CM))** ergibt, und durch die Anzahl der Fälle dividiert. Die mit dem CMI verbundene Skala entspricht somit dem relativen ökonomischen Ressourcenaufwand aller behandelten Krankenhausfälle. Da der CMI nur Durchschnittswerte wiedergibt, trifft er als Mittelwert keine Aussage über die Verteilung der Schweregrade und steht auch nicht in Zusammenhang mit dem tatsächlichen Ressourcenverbrauch des Gesundheitsbetriebs.

Die **Diagnosis Related Groups (DRG)** wurden ursprünglich in den USA entwickelt, um medizin-ökonomische Klassifikationen von Patienten durchzuführen. Das deutsche G-DRG-System basiert auf dem australischen AR-DRG und berücksichtigt deutsche Leistungs- und Kostendaten sowie durch jährliche Neukalkulationen die stetige Anpassung an die Behandlungswirklichkeit, wozu Falldokumentationen der deutschen Krankenhäuser und detaillierte Kostendaten notwendig sind. Die Kodierung von Diagnosen und Leistungen nach dem bundesweit einheitlichen DRG-System ist eine wesentliche Voraussetzung für die Zuordnung des einzelnen Falles zu einer DRG-Fallpauschale. Die Kodierung erfolgt nach einheitlichen Regeln, die sicherstellen, dass ein Patient bei gleichem diagnostischen und therapeutischen Vorgehen unabhängig von dem ihn behandelnden Gesundheitsbetrieb durch eindeutige Kodierung in die richtigen DRGs gruppiert werden kann. Während die Diagnose- und Prozedurenklassifikationssysteme wie *International Statistical Classification of Diseases and Related Health Problems (ICD-10)* und *Operationen- und Prozedurenschlüssel (OPS)* vom *Deutschen Institut für Medizi-*

*nische Dokumentation und Information (DIMDI)* betreut werden, werden die DRGs beispielsweise vom *Institut für das Entgeltsystem im Krankenhaus (InEK)* veröffentlicht, das unter anderem auch Fallpauschalen- und Zusatzentgeltkataloge, Definitionshandbücher, Gruppierungsalgorithmen, Abschlussberichte, Abrechnungsregeln nach der *Fallpauschalenvereinbarung (FPV), Kodierrichtlinien (KDR),* Hinweise zur Budgetplanung unter G-DRGs sowie Kalkulationshandbücher und spezielle Kalkulationsvorgaben zur Verfügung stellt.

Die **Operationen- und Prozedurenschlüssel (OPS)** stellen dabei die deutsche Modifizierung der internationalen Prozedurenklassifikation in der Medizin (ICPM) für die Leistungssteuerung, den Leistungsnachweis und die Grundlage für die Leistungsabrechnung der Krankenhäuser und niedergelassenen Ärzte dar.

Die **International Statistical Classification of Diseases and Related Health Problems (ICD-10)** ist ursprünglich eine von der *Weltgesundheitsorganisation (WHO)* erstellte internationale statistische Klassifikation der Krankheiten und verwandter Gesundheitsprobleme, die ins Deutsche übertragen wurde und in der 10. Revisionsform verwendet wird.

Auf der Grundlage dieser Systeme klassifizieren DRG-Systeme medizinische Diagnosen und Prozeduren. Ihnen wird dabei ein Code zugewiesen, nach dem sich die Vergütung stationärer Leistungen in Krankenhäusern richtet. Daraus ergeben sich die Aufgaben, ärztliche Befundberichte durchzuschauen und pathologische Befunde mit entsprechenden Kodierungen zu versehen. Um zu vermeiden, dass Ärzte oder speziell geschultes medizinisches Personal diese Arbeiten durchführen müssen, Diagnosen übersehen und damit Vergütungsausfälle erzeugt werden, übernimmt das Medizincontrolling diese Aufgaben der medizinischen **Kodierung**.

Dazu muss sich die Kodierfachkraft anhand des Anamnesebogens, der Patientenakte und Patientenkurve sowie der schon vorhandenen Kodierung einen Überblick über die aktuellen Fälle verschaffen, Kodierungen vervollständigen oder verschiedene Kodiermöglichkeiten erarbeiten und Dokumentationslücken identifizieren. Im Gespräch mit den Ärzten wird die Kodierung abgestimmt und der Fall gruppiert. Die ermittelte DRG wird auf Plausibilität geprüft und die geplante Verweildauer mit der entsprechenden Grenzverweildauer verglichen. Ökonomisches Ziel ist dabei die mittlere Verweildauer. Die Informationen im Rahmen der Visiten werden von der Kodierfachkraft nachgearbeitet und ebenfalls entsprechend in das Gruppierergebnis eingearbeitet. Je nachdem, wer die Kodierung durchführt, stehen für den Gesundheitsbetrieb unterschiedliche Modelle zur Verfügung (siehe **Tabelle 5.2**).

**Tabelle 5.2** Kodiermodelle.

| | |
|---|---|
| Ärzte-Modell | Ärzte kodieren während des stationären Aufenthaltes eines Patienten; je nach Kodierworkflow erfolgt eine Überprüfung der Kodierung durch einen Kodierverantwortlichen, meist einen Oberarzt. |
| Ärzte-Abrechner-Modell | Ärzte kodieren während des stationären Aufenthaltes eines Patienten; am Ende des Kodierworkflows stehen speziell ausgebildete Mitarbeiter der Abrechnung, welche bei der Rechnungsstellung Plausibilitätsprüfungen durchführen; Bei Auffälligkeiten werden die Fälle nochmals mit den Ärzten erörtert und gegebenenfalls korrigiert. |
| Kodier-Modell | Nach Abschluss des Aufenthaltes wird die Dokumentation komplett in die Kodierung umgesetzt; Kodierer sind in der Regel speziell ausgebildete Verwaltungs- oder Pflegekräfte, welche anhand der Dokumentation in der Krankenakte die Verschlüsselung durchführen. |
| Kodier-Casemanagement-Modell | Kodierfachkraft ist in den Stationsablauf integriert; die Kodierung wird durch sie kontinuierlich anhand der Krankenakte und der Patientenkurve sowie in Kommunikation mit den Ärzten und dem Pflegepersonal durchgeführt; des Weiteren berät sie über wahrscheinliche Erlöse, bespricht die Verweildauergrenzen der prospektiven DRG und identifiziert etwaige Dokumentationslücken. |

**Quelle: In Anlehnung an *Gramminger*.**

Die Bedeutung der Kodierung auch im ambulanten Bereich wird an einem Beispiel von *H. Pies,* Internist und Sprecher des *Vorstandsausschusses „Kodieren" der KV Nordrhein* deutlich:

„Ein wichtiger Punkt ist, überall da eine G-Diagnose (g = gesichert, Anm. d. Verf.) zu kodieren, wo ein Behandlungsbedarf fortbesteht. Nur dann fließt Geld über den Risikostrukturausgleich an die Krankenkasse des Patienten. Die Kodierung Zustand nach Myokardinfarkt (I21.0Z) beispielsweise löst keinen Zuschlag aus. Bei Kodierung der Diagnose Koronare Herzerkrankung (I25.11G ff) fließen aus dem Gesundheitsfonds immerhin 52 Euro, bei Kodierung Alter Myokardinfarkt (I25.21.G) schon 63 Euro pro Monat an die Kassen der Region. Oder noch extremer: Zustand nach Schlaganfall (I64Z) löst keinen Zuschlag aus, Folgen eines Schlaganfalls (I69.4G) 82 Euro, Hemiplegie/Hemiparese (G81.9G) 190 Euro."

## 5.2 Pflegecontrolling

Das **Pflegecontrolling** hat im Wesentlichen die Aufgaben, dem Informationsbedürfnis der pflegerischen Leitungsebene nachzukommen und die Pflege im Gesundheitsbetrieb zu optimieren, um den steigenden Anforderungen an die Leistungsfähigkeit der Pflege und des Pflegemanagements gerecht zu werden. Im Vordergrund stehen dabei der zielgerichtete, bedarfsgerechte und flexible Einsatz personeller und materieller Pflegeressourcen im Gesundheitsbetrieb, durch die Bereitstellung relevanter Kennzahlen aus dem Pflegebereich.

Eine häufig anzutreffende Sichtweise ist die Einteilung des Pflegecontrollings nach *P. Lux* in das *Controlling für die Pflege* und das *Pflegecontrolling i.e.S.* (siehe **Abbildung 5.1**).

**Abbildung 5.1** Einteilung des Pflegecontrollings.

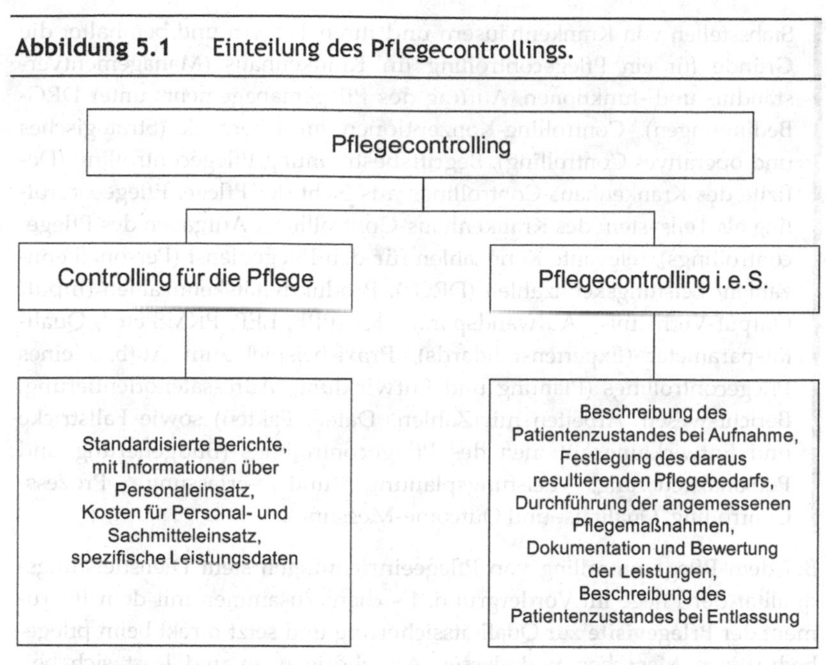


**Quelle: In Anlehnung an *Klinikum Ingolstadt***

Während das *Controlling für die Pflege* in regelmäßigen Abständen standardisierte Berichte mit den wichtigsten Informationen und Kennzahlen für die Pflegeleitung oder andere Adressaten erzeugt, versucht das *Pflegecontrolling i.e.S.* den gesamten pflegerischen Prozess patienten- bzw. heimbewohnerorientiert mit messbaren Kriterien transparent und steuerbar zu machen. Dazu bedarf es geeigneter Methoden, Modelle und Instrumente, die den Pflegeprozess in enger Zusammenarbeit von Pflegepraxis, -wissenschaft und Controlling des Gesundheitsbetriebs transparent darstellen, um eine zielgerichtete Steuerung zu ermöglichen.

Das *Deutsche Krankenhaus Institut (DKI)* bietet beispielsweise Seminare zum Thema Pflegecontrolling an. Es richtet sich an Pflegedirektoren, Pflegedienstleiter, Stations- und Funktionsbereichsleitungen sowie

Stabsstellen von Krankenhäusern und ihren Trägern und beinhaltet die Gründe für ein Pflegecontrolling im Krankenhaus (Managementverständnis und -funktionen, Auftrag des Pflegemanagements unter DRG-Bedingungen), Controlling-Konzeptionen im Überblick (Strategisches und operatives Controlling), Begriffsbestimmung Pflegecontrolling (Defizite des Krankenhaus-Controllings aus Sicht der Pflege, Pflegecontrolling als Teilsystem des Krankenhaus-Controllings/ Aufgaben des Pflegecontrollings), relevante Kennzahlen für den Pflegedienst (Personalkennzahlen/ Leistungskennzahlen (DRGs), Produktivitätskennzahlen (Input/ Output-Verhältnis), Aufwandsparameter (PPR, LEP, PKMS etc.), Qualitätsparameter (Expertenstandards), Praxisbeispiel zum Aufbau eines Pflegecontrollings (Planung und Entwicklung, Adressatenorientierung, Berichtswesen, Arbeiten mit Zahlen, Daten, Fakten) sowie Fallstricke und Entwicklungsoptionen des Pflegecontrollings (Budgetierung und Personalsteuerung, Leistungsplanung und -erfassung, Prozess-Controlling, Qualitäts- und Outcome-Messung).

Bei dem Pflegecontrolling von Pflegeeinrichtungen steht Dienstleistungsqualität der Pflege im Vordergrund. Es dient zusammen mit dem Instrument der **Pflegevisite** zur Qualitätssicherung und setzt direkt beim pflegebedürftigen Menschen und dessen Angehörigen an und lässt sich beispielsweise über die Zufriedenheit mit der Qualität der geplanten und praktizierten Pflege messen.

Bei der Pflegevisite geht es darum, eine bestmögliche Transparenz der Begleitung und Pflege sowohl für die Pflegebedürftigen als auch für die Leistungserbringer zu erzielen und dabei die pflegebedürftigen Menschen nach Möglichkeit in die Planung des Pflegeangebotes einzubeziehen (siehe **Abbildung 5.2**).

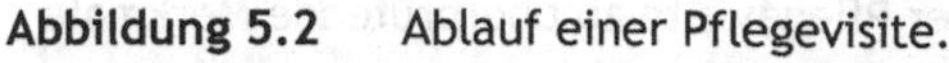

**Abbildung 5.2** Ablauf einer Pflegevisite.

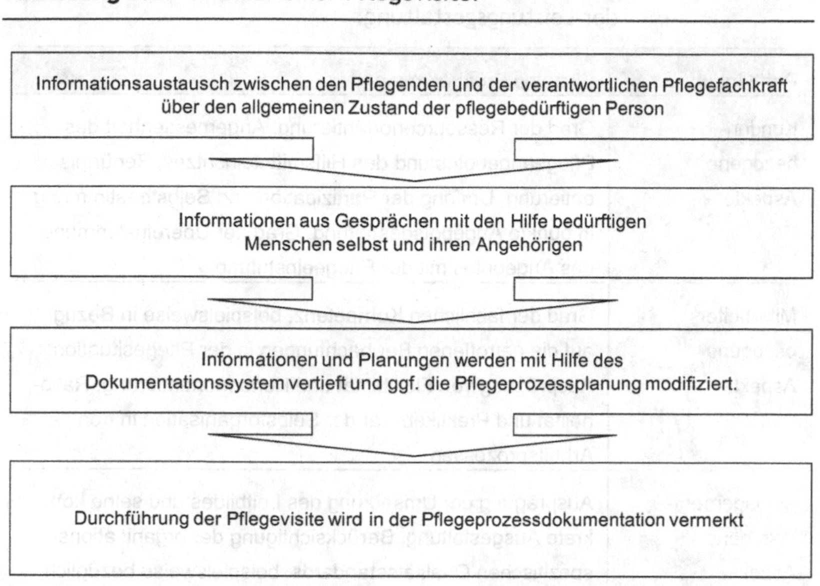
Informationsaustausch zwischen den Pflegenden und der verantwortlichen Pflegefachkraft über den allgemeinen Zustand der pflegebedürftigen Person
Informationen aus Gesprächen mit den Hilfe bedürftigen Menschen selbst und ihren Angehörigen
Informationen und Planungen werden mit Hilfe des Dokumentationssystem vertieft und ggf. die Pflegeprozessplanung modifiziert.
Durchführung der Pflegevisite wird in der Pflegeprozessdokumentation vermerkt

**Quelle: In Anlehnung an *Akademie für Wirtschaft und Sozialmanagement, F+U Rhein-Main-Neckar gGmbH*, Heidelberg**

Durch den Einsatz des Pflegecontrollings und der Pflegevisiten sollen nicht nur die objektiv messbare Situation des pflegebedürftigen Menschen, sondern auch sein subjektives Erleben der Pflegesituation und die Übereinstimmung seiner Wünsche und Bedürfnisse mit dem Pflegeangebot überprüft werden. Darüber hinaus gehört die Analyse bestimmter Krankheitsbilder ebenso dazu, wie die Überprüfung ausgewählter Faktoren der Ergebnisqualität (beispielsweise Aussagen zum Ernährungszustand, die Anzahl von Stürzen, Dekubitus etc.).

Des Weiteren gilt es, das diesbezügliche Erleben seiner Pflegepersonen bzw. Angehörigen genau so einzubeziehen, wie die organisatorischen und betriebswirtschaftlichen Rahmenbedingungen der Pflegesituation (siehe **Tabelle 5.3**).

**Tabelle 5.3** Im Rahmen der Pflegevisite zu überprüfende Merkmale der Leistungsgestaltung.

| Prüfbereich | Einzelne Prüfmerkmale |
|---|---|
| Kunden-bezogene Aspekte | Grad der Ressourcenorientierung, Angemessenheit des Pflegeangebotes und des Hilfsmitteleinsatzes, Bedürfnisorientierung, Umfang der Partizipation und Selbstbestimmung in punkto Angebotsgestaltung, Grad der Übereinstimmung des Angebotes mit der Pflegeeinstufung |
| Mitarbeiter-bezogene Aspekte | Grad der fachlichen Kompetenz, beispielsweise in Bezug auf die getroffenen Beobachtungen in der Pflegesituation, Ausprägung von Flexibilität und Kundenorientierung, Rationalität und Praktikabilität der Selbstorganisation in den Arbeitsprozessen |
| Management-bezogene Aspekte | Ausprägung der Umsetzung des Leitbildes und seine konkrete Ausgestaltung, Berücksichtigung der organisationsspezifischen Qualitätsstandards, beispielsweise bezüglich Bezugspersonenpflege, Kommunikationskultur, Serviceorientierung, Zeitplanung, Grad der Vertrautheit und Anwendungsrealität pflegetheoretischer Konzepte (zum Beispiel Krohwinkel, Orem, Peplau), Umsetzung der Pflegeprozessplanung, zum Beispiel Begründungen zu Pflegezielen und Pflegemaßnahmen, Erfassen von Aspekten der Mitarbeiterzufriedenheit, zum Beispiel durch Beobachtungen während der Pflegevisite und in den begleitenden Gesprächen, Beobachtungen zur Unternehmenskultur, zum Beispiel im Bereich Umgang mit Kritik |

**Quelle: In Anlehnung an *Akademie für Wirtschaft und Sozialmanagement, F+U Rhein-Main-Neckar gGmbH,* Heidelberg**

## 5.3 Kostencontrolling

Die Aufgabe des **Kostencontrollings** besteht darin, die Leitung des Gesundheitsbetriebs mit Informationen zu versorgen, die für die betriebliche Planung, Steuerung und Kontrolle erforderlich sind. Insofern setzt das Kostencontrolling eine planungs- und zielorientierte Betriebsführung voraus, die die Ziele des Gesundheitsbetriebs im Rahmen der betrieblichen Planung festlegt. Zusätzlichen personellen Führungscharakter erlangt das Kostencontrolling dann, wenn es auf der Grundlage von Zielvereinbarungen mit den Mitarbeitern zugleich als Personalführungsinstrument eingesetzt wird.

> Das *Bundeswehrkrankenhaus*, Ulm, definiert die Aufgaben im Rahmen seines Kostencontrollings folgendermaßen:
>
> „Das Kostencontrolling stellt u. a. betriebswirtschaftliche Informationen zur Führung der ambulanten und stationären Leistungsbereiche des Bundeswehrkrankenhauses Ulm bereit. Dabei werden Daten aus dem Krankenhausinformationssystem (KIS) und der relevanten Aufwands-Kosten-Daten aus der Finanzbuchhaltung analysiert und im Rahmen der Entscheidungsfindung bewertet. Bei der betriebswirtschaftlichen Steuerung werden die üblichen Controllinginstrumente angewendet und durch geeignete Kostenrechnungen (Kostenarten-, Kostenträger- oder Deckungsbeitragsrechnung) untermauert. Sonderanalysen und Sonderrechnungen in Form von Kostenvergleichsrechnungen, Investitions-, Wirtschaftlichkeits- und Amortisationsrechnungen, beispielsweise innerhalb den Kontinuierlichen Verbesserungsprogramms der Bundeswehr runden das Leistungsspektrum des Kostencontrollings ab."

Unter der Steuerung der **Kostenstruktur** ist die vorteilhafte Gestaltung der verschiedenen Kostenarten und ihr Verhältnis zueinander, zu verstehen. Dabei geht es in erster Linie um die fixen und variablen Kosten des Gesundheitsbetriebs einerseits sowie die Einzel- und Gemeinkosten andererseits.

Häufig ist in Krankenhäusern, Arztpraxen, Pflegeheimen und sonstigen Einrichtungen des Gesundheitswesens die Tendenz zu verzeichnen, dass die Fix- und Gemeinkostenblöcke zunehmen. Bei den Fixkosten liegt es beispielsweise daran, dass die Gehälter aufgrund der Arbeitsverträge unabhängig von der Behandlungsmenge gezahlt werden müssen und auch die sonstigen Abgaben, Energie- und Mietkosten sich in der Regel beschäftigungsunabhängig nach oben entwickeln.

Ursachen hierfür können im Gesundheitsbetrieb beispielsweise aber auch bürokratische Abläufe in der Patientenverwaltung, überflüssige Doppelarbeiten, zu hohe Perfektionsgrade in nachgeordneten Prozessen oder auch die Erbringung unnötiger Leistungen sein.

Die häufig anzutreffende Gleichsetzung von Einzelkosten und variablen Kosten einerseits sowie Gemeinkosten und Fixkosten andererseits ist insofern nicht richtig, da unterschiedliche Differenzierungskriterien vorliegen: Fixe und variable Kosten entstehen in Abhängigkeit von einer Kostenbeeinflussungsgröße und Einzel- bzw. Gemeinkosten anhand der Zurechnungsfähigkeit zu einzelnen oder mehreren Bezugsgrößen. So können Gemeinkosten aus fixen oder variablen Kosten bestehen, etwa in Form der Personalkosten (überwiegend fixe Gemeinkosten) oder der Kosten für Behandlungsinstrumente (überwiegend variable Gemeinkosten).

Der **Kostenverlauf** eines Gesundheitsbetriebs kann grundsätzlich progressive, degressive und proportionale Verlaufsformen aufweisen (siehe **Abbildung 5.3**).

**Abbildung 5.3** Kostenverläufe.

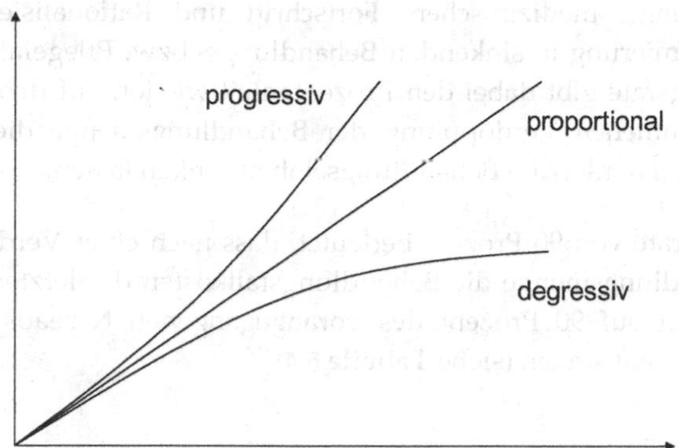


Es liegt auf der Hand, *progressive* und damit kaum kalkulierbare Kostenverläufe im Gesundheitsbetrieb möglichst zu vermeiden: Eine derartige Verlaufssituation birgt unberechenbare Risiken.

*Proportionale* Kostenverläufe sind hingegen in der Regel gut kalkulierbar und stellen eine verlässliche Grundlage für die Kalkulation der Ergebniserzielung, für die Erfolgsrechnung sowie die Liquiditätsplanung im Gesundheitsbetrieb dar.

Das Ziel der Kostenverlaufsbeeinflussung sollte jedoch sein, möglichst *degressive* Kostenverläufe zu erzielen und damit mit zunehmender Behandlungs- bzw. Pflegemenge abnehmende Kosten je Fall. Derartige Degressionseffekte lassen sich beispielsweise im Rahmen der **Fixkostendegression** erzielen, dadurch dass beispielsweise Leerlaufzeiten minimiert, die Kapazitätsauslastung der CRT-Geräte gesteigert oder Praxisöffnungs- sowie Arbeitszeiten flexibilisiert werden.

Ein weiterer Degressionseffekt kann sich aus der **Erfahrungskurve** ergeben, bei der man davon ausgeht, dass bei wiederholtem Auftreten identischer Behandlungs- bzw. Pflegesituationen es in der Regel zu einer Routinisierung und damit Effizienzsteigerung kommt. Die Erfahrungseffekte münden aufgrund von Übungserfolgen durch Wiederholung der Behandlungsvorgänge, medizinischem Fortschritt und Rationalisierung durch Prozessoptimierung in sinkenden Behandlungs- bzw. Pflegefallkosten. Die Erfahrungsrate gibt dabei den Prozentanteil wieder, auf den sich bei einer angenommenen Verdopplung der Behandlungsmenge die Behandlungsfallkosten der letzten Behandlungseinheit senken lassen.

Die Erfahrungsrate von 90 Prozent bedeutet, dass nach einer Verdopplung der Behandlungsmenge die Behandlungsfallkosten der letzten Behandlungseinheit auf 90 Prozent des vorangegangenen Niveaus und damit um 10 Prozent sinken (siehe **Tabelle 5.4**).

**Tabelle 5.4** Entwicklung von Behandlungs- bzw. Pflegefallkosten unter Berücksichtigung der Erfahrungsrate.

| Periode | Behandlungsmenge | kumuliert | Erfahrungsrate | Behandlungsfallkosten der letzten Behandlungseinheit |
|---|---|---|---|---|
| 1 | 1.000 | 1.000 | | 100,00 € |
| 2 | 1.000 | 2.000 | Verdopplung; Behandlungsfallkosten: -10% (100,00 € x 0,1 = 10,00 €) | 90,00 € |
| 3 | 2.000 | 4.000 | Verdopplung; Behandlungsfallkosten: -10% (90,00 € x 0,1 = 9,00 €) | 81,00 € |

Da der Lernerfolg und damit der Erfahrungseffekt bei den ersten Behandlungsfällen naturgemäß größer ist und mit fortschreitender Zahl gleichartiger Behandlungsfälle abnimmt, entstehen sinkende Degressionseffekte. Auch tritt die Kosteneinsparung nicht automatisch ein, sondern ist eher als Kostensenkungspotenzial zu verstehen, dass es zu nutzen gilt. Ferner ist natürlich kritisch anzumerken, dass der Ansatz der Erfahrungskurve beispielsweise unvorhersehbare Komplikationen nicht berücksichtigt.

Eine allgemeinere Form der Kostenbeeinflussung ist die Einwirkung auf das **Kostenniveau.** Das Ziel ist dabei, die Höhe der Kosten des Gesundheitsbetriebs in Teilbereichen und damit die Gesamtkosten zu reduzieren. Ansatzpunkte können dabei sein die Gesamtkosten des Gesundheitsbetriebs, die Kosten einzelner Organisationseinheiten oder die Behandlungsfallkosten. Als *Maßnahmen* bieten sich beispielsweise an:

- Entscheidung zwischen Eigen- und Fremdlaborleitungen unter Kostengesichtspunkten,
- Realisierung von medizintechnischen Automatisierungspotenzialen,
- Reduzierung von Patientendurchlaufzeiten,
- Vorschlagswesen zu Kostensenkungsmaßnahmen,
- Vermeidung unnötiger Doppelarbeiten,
- Auslagerung von Dienstleistungen (Outsourcing).

Spezielle Verfahren zur Kostensteuerung und damit auch zur Beeinflussung des Kostenniveaus sind das Target Costing sowie das Kostenbenchmarking. Beide bieten durch das Zielkostenmanagement bzw. die Orientierung an Bestmarken Ansatzmöglichkeiten, das allgemeine Niveau der Kosten des Gesundheitsbetriebs zu senken.

Die **Kostencontrollinginstrumente** zur Durchführung des Kostencontrollings umfassen unter anderem folgende Koordinations-, Planungs- und Kontrollwerkzeuge:

Die **Einnahmenüberschussrechnung** ist eine steuerrechtliche Sonderform der Gewinnermittlung, bei der der Überschuss der Betriebseinnahmen über die Betriebsausgaben des Gesundheitsbetriebs ermittelt wird. Es handelt sich dabei um eine reine *Geldrechnung*, bei der der Gewinn/Verlust des Gesundheitsbetriebs durch Gegenüberstellung der Einnahmen und der Ausgaben errechnet wird (siehe **Tabelle 5.5**).

**Tabelle 5.5** Einnahmenüberschussrechnung.

| Rechnungsart | Berechnung |
|---|---|
| Einnahmen-/Ausgabenüberschuss | Betriebseinnahmen – Betriebsausgaben |
| Korrigierter Einnahmen-/ Ausgabenüberschuss | Einnahmen-/Ausgabenüberschuss + Ausgaben für Wirtschaftsgüter des Anlagevermögens - Abschreibungen auf abnutzbare Wirtschaftsgüter des Anlagevermögens - (Rest-)Buchwert entnommener oder veräußerter Wirtschaftsgüter des Anlagevermögens |
| Gewinn/Verlust | Korrigierter Einnahmen-/Ausgabenüberschuss + Sach-Entnahmen + nicht abziehbare Ausgaben - Sach-Einlagen - steuerfreie Einnahmen |

Bei der Durchführung der Einnahmenüberschussrechnung ist Folgendes zu berücksichtigen:

Die Anschaffungskosten und Herstellungskosten für abnutzbares Anlagevermögen sind über die Nutzungsdauer zu verteilen, nicht abnutzbares Anlagevermögen ist zu aktivieren, durchlaufende Posten, die im Namen und für Rechnung eines anderen vereinnahmt oder verausgabt werden, sind nicht als Betriebseinnahmen/-ausgaben abzusetzen und Finanzschulden sind zu passivieren, sodass in diesen Fällen der Geldzufluss aus der Aufnahme eines Darlehens keine Betriebseinnahmen und Tilgungen keine Betriebsausgaben darstellen.

Die Einnahmen/Ausgaben sind dem Kalenderjahr zuzurechnen, in denen sie tatsächlich zu- oder abgeflossen sind, sodass die Zuordnung zu einer Periode grundsätzlich nach dem Zuflussprinzip erfolgt. Als in dem Kalenderjahr bezogen, zu dem sie wirtschaftlich gehören, gelten periodisch wiederkehrende Zahlungen (zum Beispiel Miete, Löhne), die kurze Zeit vor oder nach dem Jahreswechsel fällig sind und zufließen.

> Die Einnahmenüberschussrechnung bietet zwar die Möglichkeit des jährlichen Vergleichs, wie sich Umsatz, Kosten und Gewinn verändern. Als reine Vergangenheitsbetrachtung eignet sie sich jedoch kaum als geeignetes Instrument zur Steuerung und Kontrolle der Kosten eines Gesundheitsbetriebs.

Das **Fixkostenmanagement** dient zur Erhöhung der Transparenz der Fixkosten im Gesundheitsbetrieb sowie zur möglichst vorteilhaften Gestaltung seines Fixkostenblocks. Dazu sind neben einer differenzierten Kostenrechnung weitere Informationen nötig, die die Verursachung von Fixkosten betreffen. Hinsichtlich ihrer Reduzierbarkeit lassen sich die Fixkosten beispielsweise in folgende *Klassen* einteilen:

- Klasse I: Reduzierungszeitraum < sechs Monate,
- Klasse II: Reduzierungszeitraum sechs Monate bis ein Jahr,
- Klasse III: Reduzierungszeitraum > ein Jahr.

Ein wesentlicher Ansatzpunkt ist beispielsweise die **Vertragsbindungsdauer**, die der Gesundheitsbetrieb bei unterschiedlichen Verträgen eingegangen ist. Dazu zählen beispielsweise

- Wartungsverträge,
- Versicherungsverträge,
- Beratungsverträge,
- Liefer- oder Leistungsverträge,
- Leasingverträge,
- Mietverträge,
- Mitgliedschaftsverträge,
- Energieversorgungsverträge,
- Gebühren,

- Arbeitsverträge.

Für diesen Zeitraum ist der Gesundheitsbetrieb gesetzlich oder vertraglich fest an bestimmte Auszahlungen, Ausgaben und Kosten gegenüber Vertragspartnern gebunden. Der Zeitraum, um den sich ein Vertrag automatisch verlängert, wenn er nicht fristgerecht gekündigt wurde, wird als **Bindungsintervall** bezeichnet. Neben dem Bindungsintervall sind für das Fixkostenmanagement in diesem Bereich beispielsweise folgende Informationen ebenfalls von Bedeutung:

- Kündigungsfrist,
- Kündigungszeitpunkt,
- Restbindungsdauer,
- Lage der Bindungsdauer zum Kalenderjahr.

Anhand dieser Merkmale ist eine regelmäßige **Vertragsüberwachung** notwendig. Zielsetzung ist die rechtzeitige Kündigung nicht mehr benötigter Verträge oder nicht mehr in vollem Umfang benötigter Vertragsleistungen. Dazu bietet sich eine Übersicht über alle für den Gesundheitsbetrieb abgeschlossenen Verträge an. Einen Beitrag zu einer verbesserten Fixkostentransparenz lässt sich auch durch einen *fixkostenorientierten* **Kostenartenplan** erzielen. Alle relevanten Kostenarten sind hierzu entsprechend ihrer zeitlichen Strukturierung in Unterkostenarten aufzugliedern. Beispielsweise ist der *Betriebsabrechnungsbogen (BAB)* nach der zeitlichen Bindungsfrist der Fixkosten zu gliedern (siehe **Abbildung 5.4**).

Der Abbau von Fixkosten im Gesundheitsbetrieb wird häufig durch eine Vielzahl von Faktoren eingeschränkt. So sind es beispielsweise rechtliche Hemmnisse, die bei Verträgen aufgrund ihrer Bindungsdauer den Fixkostenabbau zumindest verzögern. Bei den Personalkosten können eine Personalreduzierung zu Kapazitätsengpässen und der Verzicht auf Weiterbildungsmaßnahmen zu Qualifikationsdefiziten führen. Die Reduzierung von Wartungskosten erhöht möglicherweise den Reparaturaufwand.

**Abbildung 5.4** Fixkostenorientierter Kostenartenplan und Betriebsabrechnungsbogen.



Betriebsabrechnungsbogen BAB

| Kostenstelle / Gemeinkostenart / Kostenhöhe / Verteilungsschlüssel | Vorbeugung | Verwaltung | Behandlung | Labor | Service |
|---|---|---|---|---|---|
| Personalgemeinkosten 10.000 1/2/5/1/1 | 1.000 | 2.000 | 5.000 | 1.000 | 1.000 |
| Miete 40.000 1/1/5/2/1 | 4.000 | 4.000 | 20.000 | 8.000 | 4.000 |
| Strom 2.000 1/1/3/4/1 | 200 | 200 | 600 | 800 | 200 |
| Heizung 3.000 1/1/4/1/3 | 300 | 300 | 1.200 | 300 | 900 |
| Versicherung 600 1/3/4/1/1 | 50 | 150 | 200 | 50 | 50 |
| Summe 55.500 | 5.550 | 6.650 | 27.000 | 10.150 | 6.150 |

Das **Target Costing** (Zielkostenrechnung) beruht im Wesentlichen auf einer retrograden Kalkulation: Es soll die Frage beantwortet werden, was eine bestimmte Behandlungsleistung maximal kosten darf, wie hoch also ihre Zielkosten sind. Im Gegensatz zu einer üblichen Kalkulation, bei der ein Gewinnzuschlag zu den vorliegenden Kosten die Erlöserzielung bestimmt (cost-plus-calculation), wird zunächst ein Zielpreis (target price) für eine Behandlungsleistung ermittelt, der beispielsweise durch die vorgesehene Vergütung im Rahmen der Privat- und Kassenliquidation vorgegeben ist. Von diesem Zielpreis wird die geplante Ergebnismarge (target profit) abgezogen, sodass sich die maximale Kostenhöhe (allowable costs) für diese Behandlungsleistung ergibt:

target price
– target profit
= allowable costs

> Wird eine Behandlungsleistung mit 50 Euro vergütet und eine Ergebnismarge von 10 Euro festgelegt, so darf beim Target Costing die maximale Gesamtkostenhöhe für diese Behandlungsleistung 40 Euro nicht übersteigen.

In der Regel sind die „erlaubten" Kosten niedriger als die üblichen **Standardkosten** (drifting costs) des Gesundheitsbetriebs. Daher sind für einzelne Behandlungsleistungen Zielkosten festzulegen, die die „erlaubten" Kosten möglichst nicht übersteigen.

Die **Zielkostenfestlegung** ist ein umfassender Prozess, der oft nur durch den Einsatz verschiedener betriebswirtschaftlicher Instrumente erreicht werden kann.

Bereits zu Beginn der Konzeption von Behandlungsleistungen sind alle Mitarbeiter des Gesundheitsbetriebs mit dem Ziel bindender Kostenvorgaben einzubeziehen. Sie können mitunter die Kostenentstehung maßgeblich beeinflussen oder steuern. Außerdem können durch die Ermittlung von Patientenpräferenzen Kostengewichtungen gegenüber der Wichtigkeit von Behandlungs- und Patientenserviceeigenschaften durchgeführt werden. Auf diese Weise lässt sich feststellen, ob eine Behandlungsmaßnahme „überentwickelt" ist oder noch Steigerungsbedarf besteht.

In der *praktischen* Umsetzung der Zielkostenfestlegung gibt es unterschiedliche Ansätze:

- Die Zielkosten entsprechen exakt den „erlaubten Kosten",
- die Zielkosten liegen zwischen den Standardkosten des Gesundheitsbetriebs und den „erlaubten Kosten",
- die Zielkosten orientieren sich an den durch allgemeine Abschläge verminderten Standardkosten,
- Ableitung der Zielkosten aus den Kosten von konkurrierenden Gesundheitsbetrieben oder Durchschnittswerten von Vergleichsbetrieben (beispielsweise durch Kostenbenchmarking),
- Ermittlung der Zielkosten anhand der medizinischen und betriebswirtschaftlichen Potenziale des Gesundheitsbetriebs, sodass sie nahe an den Standardkosten liegen.

Nach der Zielkostenfestlegung werden in der Phase der **Zielkostenspaltung** die Zielkosten wie bei der Prozesskostenrechnung anhand der gesundheitsbetrieblichen Prozesse „gespalten" und damit auf eine bestimmte Ebene heruntergebrochen. Die Vorgehensweise läuft dabei in folgenden Schritten ab (siehe **Tabelle 5.6**):

- Identifizierung der Behandlungs-Teilprozesse,
- Erfassung und Bewertung der Behandlungsleistungs-Funktionen aus Patientensicht,
- Ermittlung des Anteils, den die Teilprozesse zur Erfüllung der Behandlungsfunktionen beitragen,
- Ermittlung der relativen Zielkostenanteile der Teilprozesse,
- Vergleich der relativen Zielkostenanteile mit den relativen Standardkosten (drifting costs).

**Tabelle 5.6** Target Costing.

| 1. Identifizierung der Behandlungs-Teilprozesse | |
|---|---|
| Behandlungsfall: Koronare Herzerkrankung; Behandlungsdauer: 3-4 Tage | |
| Teilprozesse | Voruntersuchungen: Röntgen, EKG, Labor |
| | Herzkathederdiagnostik: Indikation anhand von Voruntersuchungen prüfen, Darstellung der Herzkrangefäße mit Kontrastmittel |
| | Pflege: Patientenaufnahme mit Anamnese und Information, Patientenbetreuung |
| | Ärztlicher Dienst: Informationsgespräche, Festlegung von Therapien, Nachuntersuchungen |
| | Unterkunft: Unterbringung in Krankenzimmern, Verpflegung |
| | etc. |

| 2. Bewertung der Behandlungsleistungs-Funktionen | |
|---|---|
| Funktionen | Gewichtung |
| Professionalität und Güte | 43,5% = 0,435 |
| Zeitrahmen | 29,5% = 0,295 |
| Angenehmer Aufenthalt | 27% = 0,270 |
| Summe | 100% = 1,000 |

| 3. Beitrag der Teilprozesse zur Erfüllung der Behandlungsfunktionen | | | |
|---|---|---|---|
| Teilprozesse | Professionalität und Güte | Zeitrahmen | Angenehmer Aufenthalt |
| Voruntersuchung | 24,7% = 0,247 | 24,7% = 0,247 | 19,5% = 0,195 |
| Pflege | 8,8% = 0,088 | 12,2% = 0,122 | 20,3% = 0,203 |
| etc. | ... | ... | ... |
| Summen | 100% = 1,000 | 100% = 1,000 | 100% = 1,000 |

| 4. Ermittlung der relativen Zielkostenanteile der Teilprozesse | | | | |
|---|---|---|---|---|
| Teilprozesse | Professionalität und Güte | Zeitrahmen | Angenehmer Aufenthalt | Summen |
| Voruntersuchung | 0,247 * 0,435 = 0,107445 | 0,247 * 0,435 = 0,072865 | 0,195 * 0,270 = 0,05265 | 0,23 |
| Pflege | 0,088 * 0,435 = 0,03828 | 0,122 * 0,295 = 0,03599 | 0,203 * 0,270 = 0,05481 | 0,13 |
| etc. | ... | ... | ... | ... |
| Summen | ... | ... | ... | 1,00 |

| 5. Vergleich der relativen Zielkostenanteile mit den relativen Standardkosten | | | |
|---|---|---|---|
| Teilprozess | Zielkosten | Standardkosten | Erläuterung |
| Voruntersuchung | 0,23 | 0,20 | Kostenunterschreitung: Maßnahmen zur Verbesserung der Funktionen sind zu ergreifen |
| Pflege | 0,13 | 0,30 | Kostenüberschreitung: Maßnahmen zur Kostenreduktion sind zu ergreifen |
| etc. | ... | ... | ... |

**Quelle: In Anlehnung an *Bücker*.**

Nach der Identifizierung der Teilprozesse sind die Funktionen der zu erbringenden Behandlungsleistung zu erfassen und aus der Sicht der Patienten zu bewerten. Neben der Professionalität und Güte der Behandlung, ihres Zeitrahmens oder des Aufenthalts im Gesundheitsbetrieb können auch weitere Funktionen aus Patientensicht in Betracht kommen. Die Patienten müssen diese Funktionen hinsichtlich ihrer Bedeutung gewichten. Dies kann beispielsweise anhand standardisierter Fragebögen ermittelt werden. Anschließend ist der Anteil festzulegen, den die Teilprozesse zur Erfüllung der Funktionen beitragen. Diese Festlegung wird in der Regel durch die Leitung des Gesundheitsbetriebs getroffen. Die danach zu ermittelnde relative Bedeutung der Teilprozesse entspricht ihren relativen Zielkostenanteilen. Diese werden abschließend teilprozessbezogen mit den Standardkosten verglichen. Die Standardkosten setzen sich beispielsweise aus den Personalkosten des Gesundheitsbetriebs, den Material- und Gerätekosten etc. zusammen. Im Ergebnis sind bei Kostenunterschreitungen Maßnahmen zur Verbesserung der Behandlungs- bzw. Pflegefunktionen zu ergreifen und bei Kostenüberschreitungen Maßnahmen zur Senkung der Kosten im Behandlungs- bzw. Pflegeprozess. Eine Funktionsverbesserung kann beispielsweise darin bestehen, den Patienten noch mehr Zeit zu widmen und ihren Informationsbedürfnissen stärker nachzukommen. Zur Kostensenkung im Prozess kann beispielsweise die Vermeidung fehlender Behandlungsunterlagen oder von Abstimmungsproblemen beitragen.

Die wesentlichen Zielsetzungen eines *Health-Target-Costing System* sind nach *R. Schlichting* unter anderem die Patientenorientierung und das Kostenmanagement: „Die Qualität der Behandlungen hat den medizinischen Anforderungen und Kundenerwartungen zu entsprechen. Sie muss potenziert werden, während die Leistungserstellungskosten an die vorgegebenen Erlöse anzupassen sind. Eine Kostensenkung darf nicht mit einer Senkung der Qualität verbunden sein! Das Budget auf Krankenhaus-, Abteilungs- und Stationsebene soll auf strategische medizinische und ökonomische Ziele ausgerichtet sein. Bedingungen für den effizienten Ressourceneinsatz sind zu schaffen. Prozesse und Prozessmerkmale sind möglichst frühzeitig an die Bedingungen des Gesundheitsmarktes anzupassen. Die internen Behandlungskosten müssen fortlaufend basisfallorientiert überprüft werden. Jede Entscheidung im Bezug auf die Gestaltung und Einführung von Behandlungen oder neuen Behandlungsmethoden muss den internen und externen Anforderungen und Bedürfnissen entsprechen. Die zeitlichen, qualitativen und kostenmäßigen Anforderungen der Behandlungen sind für einen längeren Zeitraum zu berücksichtigen."

## 5.4 Personalcontrolling

Das **Personalcontrolling** im Gesundheitsbetrieb ist eine spezielle Form des allgemeinen Controllings zur Analyse der gegebenen Informationen von und über die Mitarbeiter, zur Vorbereitung und Kontrolle von personalrelevanten Entscheidungen auf der Grundlage dieser Informationen, sowie zur Steuerung und Koordination der Informationsflüsse im Personalbereich. Es beschäftigt sich hauptsächlich mit

- Kennzahlen des Personalbereichs,
- Chancen und Risiken, die von dem Personal ausgehen, damit Maßnahmen getroffen werden können,
- Soll-Ist-Vergleichen im Personalbereich,
- rechtzeitige Feststellung von Entwicklungstendenzen,
- Entwicklung, Planung, Durchführung, Kontrolle von Personalstrategien.

Eine wesentliche Grundlage des Personalcontrollings bilden **Personalkennzahlen**. Sie dienen dazu, aus der Fülle personeller Informationen wesentliche Auswertungen herauszufiltern, die betriebliche Situation zutreffend widerzuspiegeln und einen schnellen und komprimierten Überblick über die Personalstrukturen des Gesundheitsbetriebs zu vermitteln (siehe **Tabelle 5.7**).

**Tabelle 5.7** Personalkennzahlen im Gesundheitsbetrieb.

| Kennzahl | Beschreibung | Berechnungsbeispiel |
|---|---|---|
| Mitarbeiteranzahl | Anzahl der Mitarbeiter anhand bestimmter Kriterien: bspw. Gesamtzahl, VZK (Vollzeitkapazitäten), Teilzeitbeschäftigte, Beurlaubte, durchschnittliche Mitarbeiteranzahl einzelner Abteilungen des Gesundheitsbetriebs (Stationen, Kliniken, Pflegebereiche); wird häufig erstellt, da Bestandteil des Jahresabschlusses nach HGB. | Summe aller Mitarbeiter, VZK, Teilzeitbeschäftigte etc. |
| Krankenquote | Anteil krankheitsbedingter Ausfälle an der Gesamtmitarbeiterzahl des Gesundheitsbetriebs. | (Anzahl aller Kranken ÷ Summe aller Mitarbeiter) x 100 |
| Fehlzeitenquote | Fehlstunden im Verhältnis zur Sollarbeitszeit | (Fehlzeiten ÷ Soll-Arbeitszeit) x 100 |
| Abwesenheitsstruktur | Gibt den relativen Anteil Abwesender an allen nach dem Abwesenheitsgrund an. | (Abwesende nach Ursachen ÷ Summe aller Mitarbeiter) x 100 |

| Kennzahl | Beschreibung | Berechnungsbeispiel |
|---|---|---|
| Fluktuationsquote | Verhältniszahl, die sich aus der Anzahl der Kündigungen und der durchschnittlichen Mitarbeiteranzahl zusammensetzt und als Indikator für die Mitarbeiterzufriedenheit dienen kann (Kündigungen in bestimmten Betriebsbereichen, Anzahl der Kündigungen, altersbezogene Kündigungsanzahl, Kündigungen nach Geschlecht). | (Anzahl der Personalaustritte ÷ durchschnittl. Zahl der Mitarbeiter) x 100 |
| Beschäftigungsstruktur | Verhältniszahl, welche für Strukturanalysen im Personalbereich gebildet wird (Altersstruktur, Geschlecht, Qualifikationen etc.). | (z.B. Anzahl aller Mitarbeiterinnen ÷ Summe aller Mitarbeiter) x 100 |
| Beschäftigungsgrad | Verhältnis von Plan- zur Ist-Beschäftigung. | (Ist-Beschäftigung ÷ Plan-Beschäftigung) x 100 |
| Mitarbeiterumsatz | Verhältniszahl, welche die betriebliche Leistung je Mitarbeiter darstellt und als Indikator für die Mitarbeiterproduktivität im Gesundheitsbetrieb verwendet werden kann (Personalaufwand, Verwaltungsaufwand je Mitarbeiter). | (Umsatzerlöse ÷ durchschnittl. Zahl der Mitarbeiter) x 100 |
| Mehrarbeitsquote | Liefert einen Wert, welche die Überstunden der Mitarbeiter darstellt, um die Mehrarbeit von zusätzlichen Patienten oder zusätzlichen Personalbedarf darstellen. | (Überstunden ÷ Summe Soll-Arbeitsstunden) x 100 |

| Kennzahl | Beschreibung | Berechnungsbeispiel |
|---|---|---|
| Weiterbildungskosten | Hinweis, über die Intensität der Fort- und Weiterbildung der Mitarbeiter und wie sehr sich der Gesundheitsbetrieb dafür einsetzt. | (Weiterbildungskosten ÷ Summe aller Mitarbeiter) x 100 |
| Gehaltsentwicklung | Durchschnittliche Gehälter je Mitarbeiter zur Darstellung der Entwicklung von Gehältern und als wichtige Kennzahl für die Planung. | (Gehaltssumme ÷ Summe aller Mitarbeiter) x 100 |
| Krankheitsleistungen | Zeigt an, wie viel für einen Mitarbeiter aufgebracht werden muss, wenn dieser krankheitsbedingt ausfällt (bspw. Krankheitsleistungen ins Verhältnis zu den erkrankten Mitarbeitern oder zu den Krankheitstagen). | (Krankheitsaufwand ÷ Summe aller erkrankten Mitarbeiter) x 100 |
| Unfallquote | Verhältnis von Anzahl der Unfälle im Gesundheitsbetrieb zu Anzahl der Mitarbeiter. | (Unfälle ÷ Summe aller Mitarbeiter) x 100 |

Eine wesentliche Aufgabe des Personalcontrollings im Gesundheitsbetrieb ist die Ermittlung eines angemessenen **Personalbedarfs**. Zur Ermittlung des *quantitativen* Personalbedarfs für den Gesundheitsbetrieb ist die Frage zu stellen: Wie viel Personal wird zur Erfüllung der Aufgaben benötigt? Zur Berechnung der Anzahl der für den Gesundheitsbetrieb benötigten Mitarbeiter geht man von unterschiedlichen Personalbedarfsarten aus:

- *Bruttopersonalbedarf*: Benötigte Leistungsstunden sowie alle anderen Arbeitszeiten, wie vorgeschriebene Pausen, Rüstzeiten für das Vorbereiten von Eingriffen oder die Einrichtung von Behandlungsräumen, Übergabezeiten, Zeiten für Krankenstand und Urlaub.

- *Nettopersonalbedarf*: Benötigte Leistungsstunden.
- *Ersatzbedarf*: Durch ausscheidende Mitarbeiter verursachter Bedarf.
- *Zusatzbedarf*: Über den derzeitigen Bestand hinausgehender zeitlich befristeter oder unbefristeter Bedarf.
- *Reservebedarf*: Für Notsituationen bereit gehaltenes Stammpersonal.

Ein *Ersatzbedarf* entsteht durch das Ausscheiden von Mitarbeitern des Gesundheitsbetriebs infolge von Kündigung, Freistellung, Verrentung, Mutterschafts- und Erziehungszeit usw. Die ausscheidenden Mitarbeiter sind als Arbeitskräfte zu ersetzen. Ein *Zusatzbedarf* kann sich als Folge von Ausweitungen der Behandlungs- oder Pflegekapazitäten ergeben oder auch aufgrund von Arbeitszeitverkürzungen oder neuen Aufgaben, die durch das vorhandene Personal nicht abgedeckt werden können. Der gesamte quantitative Personalbedarf lässt sich somit zunächst folgendermaßen ermitteln:

*Aktueller Personalstand - Abgänge + Zugänge + Zusatzbedarf = Personalgesamtbedarf*

Mit der Ermittlung des Ersatz- bzw. Zusatzbedarfes ist aber nur ein Teil der Frage „Wie viel Personal wird zur Erfüllung der Aufgaben des Gesundheitsbetriebs benötigt?" beantwortet, denn dabei wird von der Annahme ausgegangen, dass der gegenwärtige bzw. zukünftige Belegschaftsstand stimmt: Die Mitarbeiter des Gesundheitsbetriebs sind einerseits nicht überlastet und sitzen andererseits aufgrund zu geringen Arbeitsanfalls auch nicht untätig herum. Es muss also zusätzlich der Frage nachgegangen werden „Wie groß ist der *optimale Personalbestand*, damit arbeitsmäßige Über- und Unterauslastungen vermieden werden?".

Grundlage für die quantitative Bedarfsermittlung ist somit das Arbeitsaufkommen, das sich aus dem gewünschten Serviceniveau des Gesundheitsbetriebs und seinem angestrebten Leistungsvolumen ergibt. Zu berücksichtigen sind dabei Urlaub, Pausen, Krankheitsausfälle, Abwesenheiten wegen Fortbildungsmaßnahmen etc. und die Entwicklung der Personalkosten im Verhältnis zu den betrieblichen Gesamtkosten.

Die eigentliche Bedarfsberechnung erfolgt häufig in Personentagen (PT), Vollzeitkapazitäten (VZK) bzw. Full Time Equivalents (FTE).

In einem stark vereinfachten Ansatz zur Errechnung des optimalen Personalstandes sind zunächst die unterschiedlichen zu verrichtenden Aufgaben und Tätigkeiten im Gesundheitsbetrieb zu ermitteln. Die einzelnen Aufgaben sind mengenmäßig zu bewerten, um die durchschnittliche ( ∅ ) Arbeitsmenge zu ermitteln. Die durchschnittliche Arbeitsmenge ist anschließend mit der durchschnittlichen Bearbeitungszeit je Aufgabe oder Tätigkeit zu multiplizieren. Ferner ist ein Ausfallzeitfaktor (Fehlzeiten, FZ) zu berücksichtigen, der sich als Erfahrungswert aus im Arbeitsprozess unregelmäßig anfallenden Ausfallzeiten, wie Ermüdung, Wartezeiten, Nebenarbeiten usw. zusammensetzt. Zum Schluss ist durch die durchschnittlichen Arbeitsstunden zu teilen (siehe **Tabelle 5.8**).

**Tabelle 5.8** Vereinfachter Ansatz zur quantitativen Personalbedarfsermittlung in einer Zahnarztpraxis.

| Aufgabe / Tätigkeit | Behandlungsassistenz |
|---|---|
| ∅ Arbeitsmenge | 40 Behandlungsfälle/Tag |
| ∅ Bearbeitungszeit | 30 min (= 0,5 Stunden) inklusiv Vor-/Nachbereitung |
| FZ | 1,18 |
| ∅ Arbeitstunden | 8 / Tag |
| Formel | (∅ Arbeitsmenge x ∅ Bearbeitungszeit X FZ) ÷ ∅ Arbeitsstunden |
| Berechnung | (40 x 0,5 x 1,18) ÷ 8 = 2,95 |
| Ergebnis | Für die Aufgabe Behandlungsassistenz werden 3 VZK benötigt. |

Der Krankenhausauschuss der *Ärztekammer Schleswig-Holstein* schlägt bei der Personalberechnung des Ärztebedarfs folgende Vorgehensweise vor (siehe **Tabelle 5.9**):

- Inventur aller Aktivitäten: direkte Tätigkeiten in der Patientenversorgung, indirekte Tätigkeiten (beispielsweise Notdienst, Studentenunterricht, Forschung, Betriebs- und Personalratstätigkeiten, Konsiliardienste, Hygienebeauftragter, Patientenschulungen, Arzneimittelkommission, Gutachten, Leitungstätigkeiten, Qualitätsmanagement etc.), Überprüfung der Ausfallzeiten (kann aufgrund von beispielsweise chronischen Erkrankungen, größeren Unfällen oder Operationen der Kollegenschaft im Einzelfall höher, als die üblicherweise pauschal angenommene Fehlzeitenquote von 15 Prozent sein).
- *Ermittlung der Gesamtleistung mit alternativen Verfahren*:
  - Die für jede der üblichen ärztlichen Tätigkeiten angeführten pauschalierten *Minuten- und Stundenwerte* werden zusammen addiert und so eine Stundenzahl pro Jahr ermittelt.
  - Bestimmte *Zeitblöcke* werden festgelegt und für die weitere Kalkulation zugrunde gelegt (zum Beispiel fixer Zeitwert für Aufnahme - und Abschlussuntersuchung, Entlassungsbrief multipliziert mit der Zahl stationärer Patienten pro Jahr; „OP-Faktor": Pro Operation werden 2,5 Ärzte angesetzt - werden in einer Abteilung beispielsweise pro Woche täglich zwei OP-Säle besetzt, so sind hierfür fünf Ärzte erforderlich; „Endoskopie-/ Sonographiefaktor" usw.).
  - Ermittlung des Personalbedarfs anhand von *Fallzahlen* entweder als Minutenwerte (ein Appendicitis-Patient wird mit insgesamt 550 „Arztminuten" angesetzt – bei Problemen mit 1.200 „Arztminuten"; eine Entbindung mit 350 „Arztminuten") oder umgekehrt, als Fälle pro Arzt pro Jahr (unkomplizierter Diabetes mellitus: 240 Fälle pro Arzt, transurethrale Prostataresektion: 150 Fälle pro Arzt usw.).
- *Ermittlung der Personalstärke*: Teilung der ermittelten Stunden pro Jahr durch die Jahresarbeitsleistung eines Arztes, in der Regel auf der Basis der 48 Stunden Woche, (40 Stunden Vollarbeit plus 8 Stunden Bereitschaftsdienst pro Woche) geteilt. Daraus ergibt sich die Anzahl der erforderlichen Vollzeitkräfte (VK). Diese Zahl wird mit dem Fehlzeitenfaktor (15% FZ entsprechen in etwa dem Faktor 1,18) multipliziert.

**Tabelle 5.9** Modellrechnung zur Ermittlung des ärztlichen Personalbedarfs in Krankenhäusern.

| Chirurgische Abteilung / Schwerpunktversorgung | | |
|---|---|---|
| Kern- und Regelarbeitszeit (Montag – Freitag: 8:00 bis 16:00 Uhr) | 2 Stationen à 25 Patienten | 2,0 |
| | 2 Operationssäle (OP Faktor 2,5) | 5,0 |
| | 1 Ambulanz | 2,0 |
| | Notarztwagen | 0,5 |
| | Betriebsrat, Unterricht | 0,5 |
| | Weitere Tätigkeiten | 0,5 |
| | Ärztlicher Direktor des Krankenhauses | 0,5 |
| | Zwischensumme der VZK | 11,0 |
| Zeiten außerhalb der Regelarbeitszeit (Abend, Nacht, Wochenende, Feiertage) (Annahme: 2 Ärzte aus medizinischen Erwägungen erforderlich; Bereitschaftsdienststufe II oder III nach TVÄ) | 6760 Stunden/Jahr x 2 = 13.520 Stunden pro Jahr 13.520 Stunden ÷ 2.400 Stunden pro VZK/Jahr | 5,633 |
| | Zwischensumme der VZK | 5,633 |
| Gesamtsumme der erforderlichen VZK | Gesamtsumme der VZK | 16,633 |
| Erforderliche Personalzahl | VZK x FZ-Faktor (z.B. 1,18) | 19,63 |

| Innere Abteilung / Grund- und Regelversorgung | | |
|---|---|---|
| Berechnung des ärztlichen Dienstes gem. DKI nach Fallzahlen, unabhängig ob stationär oder | Innere Abteilung bei 3000 bis 4000 Fällen | 330 bis 345 Fälle pro VZK |
| | Intensivbehandlung bis 3000 Fälle | 100 Fälle pro VZK |

| | | |
|---|---|---|
| ambulant | Intensivüberwachung bis 3000 Fälle | 210 Fälle pro VZK |
| | Endoskopie bis 3000 Fälle | 2250 Fälle pro VZK |
| | Schreibdienst | 1 VZK auf 3200 Fälle |
| | ärztliche Sekretariate (je Abtlgsltg.) | 3000 Fälle eine VZK |
| | Sozialarbeiter/Sozialpädagoge | pro 6500 Fälle eine VZK |
| | Sonographien | 100.000 Untersuchungsmin. pro VZK |
| Fälle pro Jahr | stationär | 3100 |
| | prästationär | 300 |
| | ambulant | 180 |
| | davon Intensivbehandlungen | 100 |
| | davon Intensivüberwachungen | 160 |
| | Endoskopien Gesamt | 1449 |
| | Sonographien | 2000 |
| Stationäre Fälle ohne Intensivbehandlung und Intensivüberwachung | 3100 - 160 - 100 = 2840 Fälle; 2840 ÷ 345 | 8,23 VZK |
| Intensivbehandlungen | 100 Fälle | 1,0 VZK |
| Intensivüberwachungen | 160 Fälle | 0,75 VZK |
| Prästationäre und ambulante Behandlungen | 300 +180 = 480 Fälle; 480 ÷ 345 | 1,39 VZK |
| Endoskopien | 1449 Untersuchungen | 0,64 VZK |

| | | |
|---|---|---|
| Sonographien | 2000 Untersuchungen à 25 Minuten | 0,5 VZK |
| Bedarfsermittlung gem. DKI | Zwischensumme VZK | 12,51 VZK |
| Übernahme von Aufgaben aus dem Bereich Schreibdienst und Sozialdienst | Schreibdienst gem. DKI 0,5 VZK<br>Sozialdienst gem. DKI 0,5 VZK | 1,0 VZK |
| Personalbedarf gem. DKI | Gesamtsumme VZK | 13,51 |

**Quelle: In Anlehnung an die Planungsrichtgrößen des Krankenhausausschusses der *Ärztekammer Schleswig-Holstein* (2008).**

Da fixe Minuten- oder Fallwerte nur für die häufigsten Erkrankungen und auch in der Regel nur für Standardsituationen existieren, müssen Mehrfacherkrankungen, nicht klar zuzuordnende Symptomkomplexe etc. auf andere Art (Minutenwerte für einzelne Tätigkeiten) erfasst werden.

Bei der Ermittlung des *qualitativen* Personalbedarfs im Gesundheitsbetrieb ist zu fragen: Welches Personal wird zur Erfüllung der Aufgaben benötigt? Die genaue Frage lautet: Über welche Qualifikationen muss es verfügen, damit es die Aufgaben erfüllen kann? Die qualitative Personalbedarfsermittlung hat dazu die Erfassung der Arbeitsanforderungen an die einzelnen Arbeitsplätze im Gesundheitsbetrieb zum Gegenstand, um dadurch das benötigte Qualifikationspotenzial zu ermitteln. Dabei sind *fachliche und persönliche* Qualifikationsmerkmale gleichermaßen zu berücksichtigen.

Die **Arbeitsanalyse** bildet dabei die Grundlage für die Gewinnung von Informationen über die fachlichen und persönlichen Leistungsanforderungen eines Aufgabenbereichs. Sie umfasst die systematische Untersuchung der Arbeitsplätze und Arbeitsvorgänge im Gesundheitsbetrieb sowie jener persönlichen Eigenschaften, die der jeweilige Mitarbeiter als Stelleninhaber zur Erfüllung der an ihn gerichteten Leistungserwartungen besitzen sollte. Die Arbeitsanalyse dient der Ermittlung sowohl der Arten als auch des jeweiligen Ausmaßes der Arbeitsanforderungen, der Ableitung von Anforderungsprofilen, dem Entwurf von Arbeitsplatzbeschreibungen, der Arbeitsablaufgestaltung und der Einarbeitung neuer Mitarbeiterinnen und Mitarbeiter.

Im Rahmen des Projekts *Partizipation und interaktive Interdisziplinarität für eine zukunftsfähige Arbeitsforschung – PIZA, gefördert vom BMBF im Rahmen der Förderinitiative Innovative Arbeitsgestaltung – Zukunft der Arbeit* wurde in dem *Praxisprojekt Gesunde Beschäftigte und gute Servicequalität in der ambulanten Pflege unter Kooperation mit dem Ministerium für Arbeit, Familie, Soziales und Gesundheit des Landes Rheinland-Pfalz* und acht Unternehmen aus Rheinland-Pfalz sowohl freigemeinnützige als auch privat gewerbliche Anbieter ambulanter Dienste mit insgesamt 230 Beschäftigten im Jahre 2003 eine Arbeitsanalyse durchgeführt. Sie sollte den beruflichen Alltag der Pflegekräfte in der ambulanten Pflege dokumentieren und die Grundlage für die weitere Arbeitsgestaltung bilden. Als Ergebnis dieser Analyse wurde unter anderem eine besondere psychische Belastung festgestellt, die auf Hindernissen in der Durchführung der Arbeit, die Zusatzaufwand für die Beschäftigten bedeuten, beruhen. „Dabei geht es nicht um Schwierigkeiten, die der Beruf mit sich bringt und die die Beschäftigten mit ausreichend Ressourcen zum Beispiel Zeit- und Handlungsspielraum effektiv und gesundheitsgerecht bewältigen können", sondern um

- *Blockierungen*: ungeplanten Behinderungen bei der Arbeitsdurchführung, welche zu Wartezeiten führen,
- *Informatorische Erschwerungen*: Fehlen von für die Arbeitsdurchführung notwendigen Informationen,
- *Unterbrechungen durch Funktionsstörungen*: ungeplante Behinderungen bei der Arbeitsdurchführung, die durch Mängel an Hilfsmitteln für die Betreuung auftreten,
- *Motorische Erschwerungen*: unterschiedliche Widersprüche zwischen Arbeitsaufgabe und den Ausführungsbedingungen (fehlende Hilfsmittel, defizitäre Raumbedingungen für ergonomisches Arbeiten etc.),

- *Unterbrechungen durch Personen*: mit der unmittelbaren Arbeitsaufgabe zusammenhängende Unterbrechungen durch andere Personen vorrangig außerhalb des Betreuungsbeziehung.

Außergewöhnlich körperlich-beanspruchendes Arbeiten, im Besonderen in Zusammenhang mit dem Bewegen der KlientInnen, wurde in Zusammenhang mit der Arbeitsanalyse ebenso festgestellt wie hohe psychosoziale Anforderungen , beispielsweise durch Interaktionsschwierigkeiten mit KlientInnen und insbesondere mit Angehörigen, emotionale Faktoren, die hervorgerufen sind durch Krankheit oder Sterben und andere Themen.

Neben den *quantitativen* und *qualitativen* Aspekten hat der Personalbedarf auch eine *zeitliche* Komponente: Bei der Ermittlung des zeitlichen Personalbedarfs ist daher danach zu fragen: Wann wird das errechnete Personal mit den ermittelten Qualifikationen benötigt?

Der zeitliche Personalbedarf im Gesundheitsbetrieb ergibt sich im Wesentlichen aus den Veränderungen

- des Personalbestandes und
- des Arbeitsanfalls.

Die Veränderungen des *Personalbestandes* resultieren, wie bereits dargestellt, aus Zu- und Abgängen der Belegschaft des Gesundheitsbetriebs.

Diese Personalfluktuation, die den *Ersatzbedarf* verursacht, ist in der Regel zeitlich absehbar, denn Kündigungen (es sei denn, sie sind fristlos), Verrentungen, Erziehungs- oder Mutterschaftsurlaub treten nicht urplötzlich auf. So können rechtzeitig bei Bekanntwerden des Ausscheidens von Mitarbeitern des Gesundheitsbetriebs entweder

- eine Regeneration mit vorhandenen Auszubildenden oder
- Stellenwiederbesetzung durch Neueinstellungen

geplant werden. Bei der Regeneration sind die noch zu absolvierenden Ausbildungszeiten der Auszubildenden, die übernommen werden sollen, zu berücksichtigen. Ferner sind die dann frei werdenden Ausbildungsplätze wieder zu besetzen. Bei Neueinstellungen ist der Zeitraum zwischen der

Personalwerbung, -auslese und dem tatsächlichen Arbeitsbeginn zu berücksichtigen. Die Personalrekrutierung sollte daher unmittelbar nach Bekanntwerden des Ausscheidens von Mitarbeitern eingeleitet werden, zumal der jeweilige, regionale Arbeitsmarkt für Heil- und Pflegeberufe nicht immer die sofortige Nachbesetzung einer freiwerdenden Stelle erwarten lässt.

Auch ein *Zusatzbedarf* ist absehbar, denn Planungen zur Erweiterung des Gesundheitsbetriebs oder dessen Leistungsangebots lassen ebenfalls einen höheren Personalbedarf nicht kurzfristig entstehen.

Anders verhält es sich mit unvorhergesehenen Veränderungen des *Arbeitsanfalls,* die unterschiedliche Ursachen haben können.

Handelt es sich dabei nur um *vorübergehende* Veränderung des Arbeitsanfalls, so sollte sorgfältig geprüft werden, ob tatsächlich mehr Mitarbeiter zur Bewältigung der zusätzlichen Arbeit nötig sind, oder, bei geringerem Arbeitsanfall, ob auf Mitarbeiter verzichtet werden soll.

Kurzfristig lässt sich ein *höherer* Arbeitsanfall durch Mehrarbeit (Überstunden, verkürzte Pausenzeiten, Verkürzung von Leerlaufzeiten, Arbeitsintensivierung, Schwerpunktsetzung usw.) bewältigen. Allerdings ist dabei darauf zu achten, dass dies nicht zum Dauerzustand wird, denn darunter leiden mittel- und langfristig die Motivation der Mitarbeiter und damit die Qualität der Arbeitsleistungen im Gesundheitsbetrieb.

Eine vorübergehende *geringere* Arbeitsauslastung bringt in der Regel auch eine Einnahmenverringerung mit sich und führt bei gleich bleibenden Personalkosten zumindest zu einer geringeren Kostendeckung. Es ist jedoch gründlich zu überlegen, ob derartige vorübergehende Entwicklungen direkt zu einer Reduzierung des Personalbestandes führen sollten. Wird voreilig auf hoch qualifiziertes Personal verzichtet, kann es bei einem Anstieg der Arbeitsauslastung in der Regel nicht mehr zurück gewonnen werden. Vorübergehende Veränderungen der Arbeitsauslastung werden daher häufig durch kurzfristig verfügbare Mitarbeiter, Leiharbeitskräfte oder auch durch zeitlich befristete Arbeitsverhältnisse bewältigt.

Bei *dauerhaften* Veränderungen des Arbeitsanfalls ist einer *erhöhten* Arbeitsbelastung aus den bereits genannten Gründen durch zusätzliche Mitarbeiter Rechnung zu tragen. Auf Dauer halten Mitarbeiter Überstunden, Stress und Mehrarbeit nicht durch. Sie werden entweder davon krank oder suchen sich einen anderen Arbeitgeber. Ein alternativ möglicher Produktivitätszuwachs ist in der Regel nur langfristig realisierbar.

Über die Konsequenzen dauerhaft erhöhten Personalbedarfs in Krankenhäusern aufgrund von Veränderungen des Arbeitszeitrechts berichtete beispielsweise *J. Flintrop* im *Deutschen Ärzteblatt*: „Sowohl Arbeitnehmer- als auch Arbeitgebervertreter sind sich einig, dass zusätzliche Stellen im Krankenhaussektor geschaffen werden müssen, um das Arbeitszeitgesetz in den Krankenhäusern konsequent umsetzen zu können." Ebenda wird *G. Jonitz*, Klinikarzt und Präsident der *Ärztekammer Berlin* folgendermaßen zitiert: „Ein Arzt arbeitet bei circa 230 Arbeitstagen und einer vertraglich festgeschriebenen 38,5-Stunden-Woche 1 771 Stunden pro Jahr. Etwa 100 000 Assistenzärzte bundesweit leisten durchschnittlich eine Überstunde pro Tag, wovon nur etwa 20 Prozent bezahlt oder in Freizeit abgegolten werden. Bei 230 Arbeitstagen entspricht dies 18 400 000 unbezahlten und nicht in Freizeit abgegoltenen Überstunden. Die Zahl der unbezahlten Überstunden, verteilt auf dadurch notwendige Arztstellen zum Abbau der derzeit geleisteten und nicht abgegoltenen Überstunden, entsprechen somit 10 390 Stellen."

Eine dauerhaft *verringertes* Arbeitsaufkommens muss ebenfalls personelle Konsequenzen haben, denn auf Dauer kann kein Gesundheitsbetrieb mit zuviel Personal wirtschaftlich arbeiten. Dies würde zudem die Existenz des Betriebs und damit alle dort vorhandenen Arbeitsplätze gefährden. Im Falle eines dauerhaften Personalüberbestandes sind Maßnahmen bis hin zur betriebsbedingten Personalfreistellung daher kaum vermeidbar.

## 5.5 Investitionscontrolling

Das **Investitionscontrolling** umfasst die Planung, Kontrolle, Steuerung und Informationsversorgung bei Investitionen des Gesundheitsbetriebs. Dazu gehört die Verwendung finanzieller Mittel für Zugänge bei Finanz- und Sachanlagen ebenso wie für das Umlaufvermögen oder immaterieller Vermögensteile. Es geht dabei darum, die Investitionsplanung zu verbessern, Handlungsempfehlungen für Investitionsentscheidungen abzugeben, den Nutzen mit den Auszahlungen der Investitionen abzuwägen, Abweichungsüberprüfung von Investitionssoll- und -istwerten durchzuführen und möglicherweise Nachbesserungsentscheidungen zu treffen.

Die **Investitionsplanung** in Gesundheitsbetrieben erfolgt unter verschiedenen Gesichtspunkten. Einerseits erfolgt die Auswahl beispielsweise medizintechnischer Behandlungs- oder Pflegeausstattung nach medizinischen Gesichtspunkten und dem jeweiligen Stand der Medizintechnik, mit dem Ziel bestmöglicher Leistungseigenschaften, um letztendlich in die Einrichtungen zu investieren, welche die Behandlungs- und Pflegeleistungen bestmöglich unterstützen. Andererseits werden in die Auswahl beispielsweise auch Marketingaspekte einbezogen, denn der Patient erwartet mit der bestmöglichen, zeitgemäßen Medizintechnik behandelt zu werden und die Ausstattung des Gesundheitsbetriebs als modern, ergonomisch angenehm und fortschrittlich zu empfinden. Letztendlich ist jede Investition in den Gesundheitsbetrieb aber auch unter betriebswirtschaftlichen Gesichtspunkten zu beurteilen, denn sie bedeutet die Bindung von Kapital, wirft unter Umständen Finanzierungsprobleme auf, erzeugt Folgekosten für Wartung und Instandhaltung und stellt oft auch nur mittel- bis langfristig erreichbare Vorteile in Aussicht.

Als Verfahren zur Beurteilung verschiedener Investitionsalternativen im Gesundheitsbetrieb bieten sich die verschiedenen Arten der **Investitionsrechnung** an. Sie soll Aussagen über die Wirtschaftlichkeit einer Investition in den Gesundheitsbetrieb oder mehrerer Investitionsalternativen liefern, da sie hinsichtlich der quantifizierbaren Faktoren eine Grundlage von Investitions- und Finanzierungsentscheidungen darstellen kann. Ihr Einsatz kann als Planungsrechnung vor der Entscheidung und als Kontrollrechnung während und nach der Entscheidungsdurchführung erfolgen.

Die verschiedenen Investitionsrechnungsarten haben, je nachdem, ob sie nur eine Berechnungsperiode oder den gesamten Investitionszeitraum berücksichtigen, überwiegend statischen oder dynamischen Charakter (siehe **Tabelle 5.10**).

**Tabelle 5.10** Investitionsrechnungsarten im Gesundheitsbetrieb.

| | | |
|---|---|---|
| Statische Investitions-bewertung | Kostenver-gleichs-rechnung | Bei verschiedenen Investitionsobjekten werden die mit der Erbringung der Behandlungsleistung anfallenden Kosten verglichen |
| | Gewinnver-gleichs-rechnung | Es werden die zurechenbaren Gewinne des Gesundheitsbetriebs (Einnahmen – Kosten) verglichen |
| | Rentabilitäts-rechnung | Ermittlung und Gegenüberstellung der Rentabilität für verschiedene Investitionsobjekte: ∅ erwarteter Betriebsgewinn ÷ ∅ Investiertes Kapital x 100 |
| Dynamische Investitions-bewertung | Kapitalwert-methode | Sämtliche erwartete Gewinne werden über die Lebensdauer mit einem Zinsfuß (i) auf den Zeitpunkt unmittelbar vor der Investition abgezinst. Die Investition ist vorteilhaft, wenn für den Kapitalwert gilt: K0 (z,i) = Σ [(Einnahmen – Ausgaben) ÷ (1+i)t]+ [Restwert ÷ (1+i)n] ≥ 0 |
| | Interner Zinsfuß | Bei einem Kapitalwert = 0 wird die Verzinsung des angelegten Kapitals des Gesundheitsbetriebs ermittelt |
| | Annuitäten-methode | Es werden die durchschnittlichen jährlichen Einnahmen und Ausgaben unter Verwendung der Zinseszinsrechnung errechnet (Annuitäten). Vorteilhaft, wenn Einnahmeannuitäten > Ausgabeannuitäten |
| | Vermögen-endwert-verfahren | Aufzinsung sämtlicher Zahlungen auf das Ende des Planungszeitraumes; ansonsten analog Kapitalwertmethode |
| | Sollzinssatz-verfahren | Aufzinsung sämtlicher Zahlungen auf den Finalwert; ansonsten analog Methode Interner Zinsfuß |

| | | |
|---|---|---|
| Sonstige Bewertung | Amortisations-rechnung | Als Kriterium dient die Zeitspanne, in der das investierte Kapital des Gesundheitsbetriebs wieder hereingewirtschaftet wird: Amortisationsdauer = Anschaffungswert ÷ Reingewinn (+ Abschreibungen) |
| | MAPI-Verfahren | Rentabilitätsrechnung in Verbindung mit der Bestimmung des Zeitpunktes für Ersatzinvestitionen im Gesundheitsbetrieb |

**Quelle: In Anlehnung an *D. Beschorner* (2006).**

Der gesamte Zeitablauf einer Investition wird bei der *dynamischen* Investitionsrechnung dadurch berücksichtigt, dass in den jeweiligen Perioden die unterschiedlich anfallenden Einnahmen und Ausgaben in das Ergebnis eingehen.

Die *statischen* Verfahren der Investitionsrechnung gehen von durchschnittlichen Jahreswerten aus und berücksichtigen nur eine Rechnungsperiode. Da sie weder die Rendite der zu vergleichenden Anlagen, noch zeitlich später liegende, die Investitionsentscheidung betreffende Ereignisse, berücksichtigen, weil nur auf die Anfangsinvestition abgestellt wird, werden sie häufig allerdings als Hilfsverfahren bezeichnet, obwohl sie leicht und schnell anwendbar sowie weit verbreitet sind. Ihre wichtigsten Vorteile liegen in ihrer Praktikabilität durch Einfachheit und ihrer raschen Anwendungsmöglichkeit. Einen wesentlichen Nachteil stellt die kurzfristige Betrachtung von einer Periode oder einem Durchschnittsjahr dar, da bei ihr mengen-, kosten- oder preismäßige Veränderungen im Zeitablauf keine Berücksichtigung finden.

Der *Krankenhausplan 2015 der Freien und Hansestadt Hamburg* enthält beispielsweise folgende Aussagen zur Investitionsplanung: Auf Grundlage des Krankenhausplans werden jährliche Investitionsprogramme erstellt. „Das Investitionsprogramm weist die neu zu fördernden einzelnen Investitionsmaßnahmen mit ihrer voraussichtlichen Gesamtförderungssumme und den Gesamtbetrag der Fördermittel für die Wiederbeschaffung kurzfristiger Anlagegüter und für kleine Baumaßnahmen aus. Darüber hinaus werden die in den Folgejahren in der mittelfristigen Finanzplanung vorgesehenen Finanzplanraten für Krankenhausinvestitionen und die Investitionsmittel für das Universitätsklinikum Hamburg-Eppendorf im Investitionsprogramm ausgewiesen. Bei der Aufstellung des Investitionsprogramms werden die Bedarfsnotwendigkeit und die Folgekosten der vorgesehenen Investitionen berücksichtigt."

## 5.6 Finanzierungscontrolling

Das **Finanzierungscontrolling** des Gesundheitsbetriebs umfasst die Steuerungsmaßnahmen zur Aufrechterhaltung seiner Zahlungsfähigkeit und zur Koordination von Finanzierungsentscheidungen. Dazu zählen sowohl die Überwachung der kurz-, mittel- und langfristigen Finanzsituation, die Analyse und Beeinflussung der Finanzierungskosten. als auch die Unterstützung der externen Rechnungslegung.

Der Gesundheitsbetrieb muss, wie jeder andere Betrieb auch, seinen fälligen kurzfristigen (< ein Jahr), mittelfristigen (ein bis fünf Jahre) oder langfristigen (> fünf Jahre). Verbindlichkeiten möglichst jederzeit, uneingeschränkt und fristgerecht nachkommen können, damit ein Liquiditätsmangel nicht zur Zahlungsunfähigkeit führt bzw. die Ursache für eine Insolvenz darstellt. Aufgabe der Liquiditätssicherung ist es, zukünftige Zu- und Abnahmen liquider Mittel systematisch zu erfassen, gegenüberzustellen und auszugleichen. Sie hat dabei das Ziel, eine optimale Liquidität zu ermitteln, zu erreichen und zu erhalten und den dazu nötigen Bestand an Zahlungsmitteln vorauszuplanen, denn zu hohe Liquidität kann auch Rentabilitätseinbußen bewirken, da häufig auf die übliche Verzinsung verzichtet wird und dadurch bzw. durch die Inflationswirkung ein Teil des Vermögens verloren geht.

Die Liquidität ist auch für den Gesundheitsbetrieb ein sensibles Thema, denn durch tatsächliche oder auch vermeintliche Zahlungsschwierigkeiten verschlechtert sich dessen Bonität und es erhöhen sich die Finanzierungskosten, was erst recht zu einer Abwärtsspirale führen kann. Die Gefahr resultiert insbesondere aus Anzeichen, die die Partner des Gesundheitsbetriebs als Liquiditätsprobleme deuten könnten (siehe **Tabelle 5.11**):

- *Lieferanten*: Zahlungsverzögerungen, Teilzahlungen,
- *Mitarbeiter*: Aussetzung von Lohnerhöhungen, verspätete Gehaltsüberweisungen,
- *Patienten*: Vorschusszahlungen, Behandlungsverschiebungen wg. fehlendem medizinischem Verbrauchsmaterial,
- *Banken*: Überziehung von Kreditlinien, kurzfristige Kreditaufnahmen.

**Tabelle 5.11** Stadien der Liquiditätskrise einer Arztpraxis.

| Phase | Bezeichnung | Beschreibung |
|---|---|---|
| 1 | Normalphase | Es ist ausreichende Liquidität vorhanden; Umsätze und Aufwände stehen in einem betriebswirtschaftlich gesunden Verhältnis zueinander; Privatentnahmen erfolgen auf einem angemessenen Niveau. Die Schein- und Punktzahl pro Quartal wächst oder ist auf hohem Niveau stabil. |
| 2 | Rückgangsphase | Die Liquidität ist nach wie vor ausreichend; die Umsätze übersteigen die Aufwände weiterhin; Privatentnahmen erfolgen unverändert; die Schein- und Punktzahl je Quartal ist rückläufig. |
| 3 | Frühe Krisenphase | Die Liquidität ist gering, die Existenz aber nicht bedroht; gleich bleibenden oder gestiegenen Kosten stehen sinkende Umsätze gegenüber; der Arzt hofft auf Besserung, nimmt aber keine Korrekturen vor. |
| 4 | Mittlere Krisenphase | Es gibt einen deutlichen Liquiditätsengpass; die Entwicklung der Umsätze ist weiter rückläufig; statt gegenzusteuern wird defensiv gedacht und der Kreditrahmen erhöht. |

| | | |
|---|---|---|
| 5 | Späte Krisenphase | Der Handlungsspielraum wird immer geringer; die Liquidität kann nur durch Notmaßnahmen aufrechterhalten werden; das Ertragsverhältnis ist negativ, Kredite können immer weniger bedient werden; die Zinslast wird übermächtig und lässt den Liquiditätsengpass offensichtlich werden. |
| 6 | Zusammenbruch, Insolvenz | Die Hausbank droht mit der Kündigung des Kontokorrents, der Praxisinhaber verliert jeglichen Entscheidungsspielraum, unter Umständen Totalverlust des Vermögens; ist die Praxis in der Rechtsform einer juristischen Person organisiert, tritt zum Eröffnungsgrund der Zahlungsunfähigkeit auch die Überschuldung hinzu. |

**Quelle: in Anlehnung an *Fissenewert* (2006).**

**Liquiditätskennzahlen** informieren über die Liquidität und somit beispielsweise darüber, ob zur kurzfristigen Begleichung fälliger Verbindlichkeiten ausreichend eigene Zahlungsmittel zur Verfügung stehen. Die **Liquiditätskontrolle** hat dabei die Aufgabe, einen Abgleich zwischen den Liquiditätsplanwerten des Gesundheitsbetriebs und den Istwerten durchzuführen, bei Abweichungen Maßnahmen auszulösen, die eine finanzielle Schieflage vermeiden, und die Ursachen der Abweichungen zu ergründen. Daneben muss sie vorliegende strukturelle Liquiditätsdefizite des Gesundheitsbetriebs aufzeigen, damit diese bei zukünftigen Planungen berücksichtigt werden können. Die Kontrolle lässt sich ebenfalls durch wichtige Kennzahlen unterstützen (siehe **Tabelle 5.12**).

**Tabelle 5.12** Kennzahlen zur Liquiditätskontrolle des Gesundheitsbetriebs.

| Kontrollart | Kennzahl | Ermittlung |
|---|---|---|
| statisch | Gesamtkapitalrentabilität (GKapRG): Sie ergibt sich aus dem Verhältnis zwischen Jahresüberschuss (JÜG) und Gesamtkapital (GKapG) des Gesundheitsbetriebs. | GKapRG = JÜG ÷ GKapG |
| | Eigenkapitalrentabilität (EKapRG): Sie ergibt sich aus dem Verhältnis zwischen Jahresüberschuss (JÜG) und Eigenkapital (EKapG) des Gesundheitsbetriebs. | EKapRG = JÜG ÷ EKapG |
| | Umsatzrentabilität (URG): Sie ergibt sich aus dem Verhältnis zwischen Jahresüberschuss (JÜG) und Umsatzerlösen (UG) des Gesundheitsbetriebs. | URG = JÜG ÷ UG |
| | Anlagendeckungsgrad (AnlDGG): Er ergibt sich aus der Summe aus Eigenkapital (EKapG) und langfristigem Fremdkapital (FKapG) des Gesundheitsbetriebs, dividiert durch sein Anlagevermögen (AVermG). | (AnlDGG) = (EKapG + FKapG) ÷ AVermG |
| | Anlagenintensität (AnlIntG): Sie ergibt sich aus dem Verhältnis zwischen Anlagevermögen (AVermG) und Gesamtvermögen (GVermG) des Gesundheitsbetriebs. | (AnlIntG) = AVermG ÷ GVermG |
| | Vorratsintensität (VIntG): Sie ergibt sich aus dem Verhältnis zwischen Vorratsvermögen (VVermG) und Gesamtvermögen (GVermG) des Gesundheitsbetriebs. | (VIntG) = VVermG ÷ GVermG |

| Kontrollart | Kennzahl | Ermittlung |
|---|---|---|
| | Investitionsverhältnis (InvVerhG): Es ergibt sich aus dem Verhältnis zwischen Umlaufvermögen (UVermG) und Anlagevermögen (AVermG) des Gesundheitsbetriebs. | (InvVerhG) = UVermG ÷ AVermG |
| | Eigenfinanzierungsgrad (EFinGG): Er ergibt sich aus dem Verhältnis zwischen Eigenkapital (EKapG) und Bilanzsumme (BSG) | EFinGG = EKapG ÷ BSG |
| | Verschuldungsquote (VSQG): Sie ergibt sich aus dem Verhältnis zwischen Fremdkapital (FKapG) und Eigenkapital (EKapG) des Gesundheitsbetriebs. | VSQG = EKapG ÷ FKapG |
| dynamisch | Cashflow (CFG): Er ergibt sich aus der Summe aus Jahresüberschuss (JÜG) und nicht liquiditätswirksamen Aufwendungen (nlwAG, bspw. Abschreibungen, Wertberichtigungen etc.), abzüglich nicht liquiditätswirksamer Erträge (nlwEG, bspw. Rückstellungsauflösungen). | CFG = JÜG + nlwAG - nlwEG |

Für die Liquiditätskontrolle von Gesundheitsbetrieben liegen ferner **Liquiditätsregeln** vor, die auf allgemeinen betriebswirtschaftlichen Erfahrungswerten beruhen. Bei diesen Regeln handelt es sich um normative Aussagen, deren Einhaltung dazu beiträgt, die Liquidität des Gesundheitsbetriebs zu sichern. So besagt die „goldene Liquiditäts- oder Finanzierungsregel", dass die Fristigkeiten des finanzierten Vermögens stets mit der des dazu verwendeten Kapitals übereinstimmen und damit die Investitionsdauer nicht länger als die Finanzierungsdauer sein sollte (Fristenkongruenz).

Eine Behandlungseinrichtung, die für einen Einsatz von zwölf Jahren vorgesehen ist, soll auch beispielsweise nur durch Fremdkapital finanziert werden, das dem Gesundheitsbetrieb auch mindestens zwölf Jahre zur Verfügung steht.

Eine weitere Regel („Eins-zu-Eins-Regel") besagt, dass Eigen- und Fremdkapital möglichst gleich groß sein sollten, das Eigenkapital besser noch überwiegt oder die Verschuldungsquote zumindest zwischen 1 und 2 und keinesfalls darüber hinaus liegen sollte. Die „allgemeine Liquiditätsregel" besagt schließlich, dass Liquidität stets der Vorzug vor Rentabilität gegeben wird.

Der Abgleich von der Beschaffung und Verwendung finanzieller Mittel erfolgt durch die **Finanzplanung**. Sie stellt die systematische Erfassung, die Gegenüberstellung und den gestaltenden Ausgleich zukünftiger Zu- und Abnahmen liquider Mittel dar. In einem Pflegeheim sind das beispielsweise die Bestände in der Handkasse, die Bestände auf unterschiedlichen Heimkonten, gegebenenfalls bei verschiedenen Banken, Tagegelder, offene Forderungen an Patienten und anderes mehr. Ziel der Finanzplanung ist es, eine optimale Liquidität zu ermitteln, zu erreichen und zu erhalten, und den dazu nötigen Bestand an Zahlungsmitteln vorauszuplanen.

Einige betriebswirtschaftliche Grundregeln, die sich im Laufe der Zeit herausgebildet haben, tragen dazu bei, Finanzierungsentscheidungen zu erleichtern.

Liquidität geht vor Rentabilität (Liquiditätsregel).

Die Sicherstellung der jederzeitigen Zahlungsbereitschaft soll das Ziel der Finanz- und Liquiditätsplanung eines Gesundheitsbetriebs sein, um zu verhindern, dass er in wirtschaftliche Schwierigkeiten gerät. Sogar länger andauernde Zahlungsverzögerungen und daraus entstehende Gerüchte setzen oftmals bereits eine Abwärtsspirale in Gang. Rentabilitätsziele und andere Ziele sind dem Liquiditätsziel unterzuordnen.

Fristenkongruenz: Die Investitionsdauer soll nicht länger sein als die Finanzierungsdauer („Goldene" Finanzierungsregel).

Die „Goldene" Finanzierungsregel ist eine klassische Finanzierungsregel und fordert die zeitliche Übereinstimmung zwischen Kapitalaufnahme und dessen Verwendung als Vermögen. Die Dauer der Kapitalbindung im Vermögen sollte dabei nicht länger als die Dauer der Kapitalüberlassung sein. Kurzfristig gebundenes Vermögen sollte durch kurzfristiges Kapital finanziert sein und langfristig gebundenes Vermögen durch langfristiges Kapital. Die „Goldene" Finanzierungsregel erfährt in der betriebswirtschaftlichen Praxis allerdings auch Einschränkungen:

- Übersteigen die Einnahmen aus einer Investition die Ausgaben zur Tilgung und Verzinsung, kann der Überschuss zur Umfinanzierung verwendet werden (Rentabilitätsmaximierung).
- Kann zum Rückzahlungszeitpunkt noch nicht freigesetztes Kapital durch Eigenkapital ersetzt werden, so kann die Kapitalbindung einer Investition länger sein als die Fristigkeit des Fremdkapitals.
- Keine Garantie für die Rückzahlung des Kapitals und die Aufrechterhaltung der Liquidität bei unvorteilhaften Investitionen.

> Die Summe aller mit einem Investitionsgut getätigten Einnahmen muss über die gesamte Nutzungsdauer mindestens der Summe aller Auszahlungen entsprechen (Investitionsregel).

Um später eine Ersatzbeschaffung für das abgenutzte Investitionsgut durchführen zu können, muss es sich zuvor seine Abschreibungen „verdienen".

> Das Eigenkapital sollte mindestens so hoch sein wie das Fremdkapital (Eins-zu-Eins-Regel).

Um Überschuldungen zu vermeiden, sollte eine möglichst ausgewogene Kapitalstruktur vorliegen. Unberücksichtigt bleiben bei dieser Regel allerdings Unterschiede in der Kapitalintensität. In der Volkswirtschaftslehre geht man beispielsweise davon aus, dass durch eine höhere Kapitalintensität, also durch verstärkten Einsatz von Produktionsmitteln je Erwerbstätigen, auch eine höhere Arbeitsproduktivität erzielt wird.

Obwohl es sich bei den Finanzierungsregeln um nicht immer unumstrittene, normative Aussagen handelt, sollen sie die Liquidität des Gesundheitsbetriebs gewährleisten und damit sein Fortbestehen sichern. Auch beurteilen häufig externe Kapitalgeber wie beispielsweise Banken und Versicherungen an der Einhaltung dieser Regeln die zukünftige Zahlungsfähigkeit eines Gesundheitsbetriebs.

## 5.7 Marketingcontrolling

Mit dem **Marketingcontrolling** versucht der Gesundheitsbetrieb, den Erfolg seiner Marketingaktivitäten zu messen, zu kontrollieren und zu steuern, um sie konzeptionell und zielgerichtet weiterzuentwickeln. Maßstab ist dabei der Erfolg im Patientenmarkt und damit der Nachweis der Effizienz der Marketingmaßnahmen.

Das Marketingcontrolling begleitet den **Marketingprozess** des Gesundheitsbetriebs. Er entspricht einem Regelkreis. Werden bei der Erfolgskontrolle Abweichungen festgestellt, so müssen festgelegte Marketingkonzepte überarbeitet und angepasst werden. Doch nicht erst bei der Erfolgskontrolle setzt das Marketingcontrolling ein. Bereits in der Marktanalyse, bei der Zielgruppendefinition, der Entwicklung der Marketingziele und -strategien müssen die Informationen richtig aufbereitet werden sowie Entscheidungsalternativen aufgezeigt und richtig bewertet werden, um sie im Hinblick auf ihre Anwendbarkeit und das damit verbundene finanzielle Risiko möglichst gut abschätzen zu können. Auch müssen der Einsatz der Marketinginstrumente aufeinander abgestimmt und die Gestaltung der Schnittstellen zu den Funktionsbereichen des Gesundheitsbetriebs geplant werden. (siehe **Abbildung 5.5**).

Der Prozess beginnt mit der *Marktanalyse,* die sich auf betriebsinterne und -externe Rahmenbedingungen bzw. Einflussfaktoren erstreckt, wobei Informationen über die Situation des Gesundheitsbetriebs zu sammeln sind: Wie ist er im Vergleich zu anderen Einrichtungen zu sehen? Welche Meinung haben die Patienten und Mitarbeiter über ihn? Wie sieht die Konkurrenzsituation zu vergleichbaren Einrichtungen aus?. Ziel ist es dabei, die Stärken und Schwächen des jeweiligen Gesundheitsbetriebs zu ermitteln sowie mögliche Risiken, aber auch Chancen daraus abzuleiten. *Intern* bezieht sich die Analyse beispielsweise auf Stärken / Schwächen, Finanzsituation, Mitarbeiter, Größe, Standort, Organisation, Kostenstruktur, Ausstattung, Behandlungskapazitäten, Erreichung der bisherigen Ziele (Gewinn, Umsatz, Kosten, Zahl der Behandlungsfälle etc.). Die *externe* Analyse betrifft insbesondere die Analyse des Patientenmarktes (Alters- und Versicherungsstruktur der Patienten, Häufigkeiten gleichartiger Behandlungsfälle, Größe des Einzugsgebietes, Nachfragen nach bestimmten Behandlungsleistungen, Frequenz der Inanspruchnahme von Behandlungsleistungen durch einzelne Patienten, Patientenpräferenzen hinsichtlich der Verfügbarkeit etc.) sowie die Analyse der Konkurrenzsituation (Nähe vergleichbarer Einrichtungen, konkurrierende Behandlungsangebote, Vergleiche mit der Konkurrenz, besondere Berücksichtigung des medizinischen und medizintechnischen Fortschritts von Behandlungsleistungen im eigenen Betrieb und bei der Konkurrenz etc.).

**Abbildung 5.5** Marketingprozess im Gesundheitsbetrieb.

Die nächsten Schritte im Marketingprozess umfassen die Definition zu erreichender *Patientenzielgruppen*, die man mit gezielten Marketingaktivitäten erreichen möchte, sowie die Entwicklung der *Marketingziele*. Diese orientieren sich an den Zielen des Gesundheitsbetriebs und können daraus abgeleitet werden.

Anhand der Marketingziele lassen sich die *Marketingstrategien* entwickeln, mit der die festgelegten Ziele mittel- bis langfristig erreicht und eine dauerhafte Zielerreichung gesichert werden soll. Diese Phase ist von besonderer Bedeutung, da einerseits je nach ausgewählter Strategie die Marketingaktivitäten erfolgreich verlaufen, aber andererseits auch ebenso scheitern und damit Umsatz- und Kostenziele des Gesundheitsbetriebs gefährden können.

Die Auswahl und Anwendung der für die Umsetzung der festgelegten Marketingstrategie geeigneten *Marketinginstrumente* findet im Anschluss an die Strategiefindung statt. Da das Instrumentarium ungeheuer vielfältig ist, kommt auch hier der Auswahl der geeigneten Marketinginstrumente besondere Bedeutung zu. Sie lassen sich dem klassischen Marketing-Mix zuordnen: Patientenkommunikation (Kommunikationspolitik), Gestaltung der Behandlungsleistungen (Produktpolitik), Patientenbetreuung und Patientenservice (Distributionspolitik) und Honorargestaltung (Kontrahierungspolitik).

Eine *Erfolgskontrolle* ist im Grunde genommen nicht erst zum Schluss aller Marketingaktivitäten durchzuführen. Sie muss vielmehr ständig und kontinuierlich bei der Umsetzung der Marketinginstrumente erfolgen, damit sofort festgestellt werden kann, ob sich der damit verbundene Aufwand auch lohnt oder nur zusätzliche Kosten verursacht werden.

Werden die Öffnungszeiten einer Zahnarztpraxis beispielsweise in den Abend hinein ausgedehnt und kommen trotzdem keine zusätzlichen Patienten, werden zusätzliche Behandlungsleistungen angeboten, aber nicht in Anspruch genommen, verursachen neue Behandlungsangebote mehr Kosten, als sie Erlöse erzielen, so sind diese Maßnahmen entweder falsch angewendet worden oder gar völlig ungeeignet und eine Gegensteuerung muss erfolgen.

Zu den wichtigsten Instrumenten des Marketingcontrollings für die Planung und Überwachung der einzelnen Prozessphasen zählen insbesondere Patienten- und Marktwertberechnungen, die Kontrolle des koordinierten Einsatzes der Marketinginstrumente (Marketingmix), Ergebnis- und Abweichungsanalysen, Marketingkennzahlensysteme, Analysen von Patientenbeschwerden und auch Recalltests bzw. Recognitiontests zur Überwachung der Bekanntheit des Gesundheitsbetriebs.

Wichtige Kennzahlen für das Marketingcontrolling des Gesundheitsbetriebs sind:

- Werbekosten je 100 bzw. 1.000 Patienten,
- Absatzzahlen von Behandlungs- und Pflegeleistungen,
- Anzahl der Patientenbeschwerden,
- Umsatz oder Deckungsbeiträge mit einzelnen Behandlungs- und Pflegeleistungen,
- Gesamtanzahl der Patienten, Neupatienten, verlorene Patienten,
- Marktanteile des Gesundheitsbetriebs,
- Qualität der Behandlungs- und Pflegeleistungen aus Sicht der Patienten,
- Patientenzufriedenheit,
- Image und Reputation des Gesundheitsbetriebs,
- Bekanntheit des Gesundheitsbetriebs, sein Behandlungs- und Pflegeleistungsangebot
- Loyalität der Patienten.

Das *Katholische Marienkrankenhaus Hamburg* wurde beispielsweise in der Kategorie Marketing-Klinik-Konzept insbesondere für die Detailstärke eines umfassenden Marketingkonzeptes vom *Zentralen Marketingclub in der Gesundheitswirtschaft e.V.*, Zierenberg, ausgezeichnet. Hervorgehoben wurden unter anderem die wesentlichen Marketingcontrolling-Bausteine zur Messung der Werbewirksamkeit der Marketingaktivitäten.

## 5.8 Organisationscontrolling

Das **Organisationscontrolling** hat zur Aufgabe, durch Planung, Steuerung und Kontrolle der Organisationsprozesse die Aufbau- und Ablauforganisation des Gesundheitsbetriebs zu optimieren. Dazu zählen insbesondere auch das Controlling der Projekt- und der Prozessorganisation im Gesundheitsbetrieb.

Der Gesundheitsbetrieb stellt somit einerseits als Organisation ein soziales Gebilde aus Ärzten, Pflegekräften, Hebammen, MTA, Zahnmedizinern, Heilpraktikern, Verwaltungsangestellten, ZMA oder anderen Angehörigen des Gesundheitswesen dar, die in arbeitsteiligen Prozessen zusammenarbeiten, und andererseits ist er gleichzeitig als Institution eine Einrichtung des Gesundheitswesens zur Erbringung von Behandlungs- bzw. Pflegeleistungen (siehe **Abbildung 5.6**).

**Abbildung 5.6** Gesundheitsbetrieblicher Organisationsbegriff.

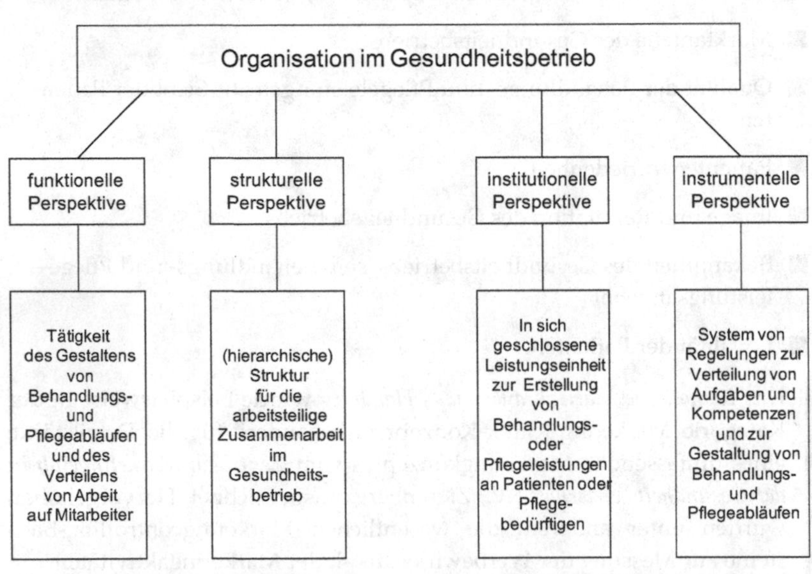

Erweitert man diese eher traditionelle Sichtweise der Organisation eines Gesundheitsbetriebs mit dem Ziel einer verstärkt managementorientierten Definition, so gelangt man zu der Auffassung, dass die Organisationsstruktur eines Gesundheitsbetriebs alle Regelungen, Arbeitsabläufe und Maßnahmen umfassen sollte, die zu seiner erfolgreichen Führung dienen und die gewährleisten, dass mit ihr die Zielsetzungen des Gesundheitsbetriebs erreicht werden. Eine möglichst erfolgreiche und effiziente Funktionsfähigkeit wird maßgeblich durch die Art und Weise der Gestaltung der Arbeitsabläufe, der Zusammenarbeit zwischen den Mitarbeitern des Gesundheitsbetriebs sowie durch den Einsatz der organisatorischen Hilfsmittel geregelt.

Aufgrund sogenannter Check-ups und Follow-ups kann kontinuierlich überprüft werden, ob die Organisation des Gesundheitsbetriebs bestimmte Effizienzkriterien erfüllt oder ob eine Reorganisation notwendig erscheint. Dazu müssen die die Prozessleistungen des Gesundheitsbetriebs konsequent aus Patientensicht bewertet und Entscheidungen auf der Basis von Zufriedenheitsmessungen und Genesungsdaten getroffen werden. Die Zahl der Restrukturierungsalternativen lässt sich anhand geeigneter, allgemeingültiger Bewertungskriterien einschränken. Ihre Definition für die Beurteilung von Organisationsstrukturen eines Gesundheitsbetriebs stellt dabei allerdings ein besonderes Problem dar. Auch die Ausbildung von Mitarbeitern im Umgang mit Prozessen des Gesundheitsbetriebs trägt zu einem optimierten Organisationscontrolling bei, aufgrund einer besseren Integration und dauerhafte Verankerung des Prozessmanagements in der gesundheitsbetrieblichen Organisation.

Das Organisationscontrolling begleitet den gesamten **Organisationsentwicklungsprozess** im Gesundheitsbetrieb. Er beginnt in der Regel mit einem im Gesundheitsbetrieb empfundenen Problem, welches zu einem Veränderungsbedürfnis führt. In dieser Vorphase ist das Problem jedoch üblicherweise noch unscharf beschrieben, gehen die Meinungen der Mitarbeiter über Art und Ausmaß des Problems und die Lösungsmöglichkeiten nicht selten auseinander. In der Diagnosephase werden problemrelevanten Daten gesammelt und aufbereitet, um das empfundene Problem für alle Mitarbeiter möglichst zu objektivieren. In der Entwicklungsphase sind strukturelle und personelle Veränderungen im Gesundheitsbetrieb zu planen und durchzuführen. Den Abschluss des Organisationsentwicklungsprozesses bildet die Stabilisierungsphase, in der die eingeleiteten Maßnahmen im Rahmen des Organisationscontrolling fortlaufend überprüft und wenn nötig, durch ergänzende Aktivitäten in ihrer Wirkung abgesichert werden (siehe **Tabelle 5.13**).

**Tabelle 5.13** Phasen des Organisationsentwicklungsprozesses nach *Becker* (2002).

| Hauptphasen | Unterteilung/Erläuterung |
|---|---|
| Vorphase | Entstehung des Veränderungsbedürfnisses (z. B. Auftauchen eines Problems),<br>Bestimmung der zu ändernden Bereiche im Gesundheitsbetrieb,<br>Einbeziehung der Betroffenen. |
| Diagnosephase | Sammeln und Aufbereiten von Daten (Struktur, Klima, Arbeitsabläufe),<br>Feedback der aufbereiteten Daten (gemeinsame Diskussion und Analyse, Ansätze für Veränderungen, Teamentwicklung). |
| Entwicklungsphase | Planung der erforderlichen Änderungen (gemeinsam: personale und strukturelle Maßnahmen; Konkretisierung),<br>Durchführung der Veränderungsaktion (Realisierung personaler und struktureller Maßnahmen). |
| Stabilisierungsphase | Stabilisierung (Absicherung durch Weiterbildungsmaßnahmen, Erfahrungsaustausch, Belohnungssystem),<br>Erfolgskontrolle (Bewertung und Beurteilung). |

Das Ergebnis des Organisationscontrollings ist nicht selten eine Restrukturierung zumindest von Teilen der Organisation des Gesundheitsbetriebs. Im Gegensatz zu einer Prozessoptimierung, die eine effektivere Gestaltung der Abläufe zum Ziel hat, findet bei einem **Business Process Reengineering** ein grundlegendes Überdenken des Gesundheitsbetriebs und seiner gesamten Prozessorganisation statt. Im Einzelnen geht es dabei um die Verkürzung der Patientendurchlaufzeiten und der Lieferzeiten von medizinischem Verbrauchsmaterial, der Beschränkung der Leistungserstellung des Gesundheitsbetriebs auf seine Kernkompetenzen, die Steigerung von Qualität, Patientenservice und Produktivität sowie die Beschleunigung der Leistungsprozesse durch Abbau von Hierarchien im Gesundheitsbetrieb. Die Neugestaltung erfolgt dabei nach bestimmten Grundregeln (siehe **Tabelle 5.14**).

**Tabelle 5.14** Grundregeln des Business Process Reengineering nach *Hammer/Champy*.

| Regel | Erläuterung |
|---|---|
| Restrukturierung (Restructuring) | Neugestaltung und Änderung des Leistungsportfolios. |
| Erneuerung (Renewing) | Verbesserung der Schulung und organisatorischen Einbindung von Mitarbeitern in die Unternehmung durch Erwerb von Fertigkeiten und Fähigkeiten sowie verbesserter Motivation. |
| Einstellungsänderungen (Reframing) | Überwindung herkömmlicher Denkmuster durch neue Visionen und Entschlusskraft. |
| Revitalisierung (Revitalizing) | Grundlegende Neugestaltung aller Prozesse. |

*J. Rüegg-Stürm* vom *Institut für Betriebswirtschaft*, St. Gallen, übt in der *Schweizerischen Ärztezeitung* Kritik an der pauschalen Übernahme des Business Process Reengineering für die Krankenhauspraxis: „Am radikalsten gestaltet sich eine «revolutionäre Erneuerung» von Abläufen. Unter der Bezeichnung Business Process Reengineering oder Business Process Redesign (BPR) hat sie sowohl in der Krankenhausliteratur als auch in der Krankenhauspraxis zwischenzeitlich einen hohen Popularitätswert erreicht. BPR zielt auf die bereichsübergreifende, radikale Umgestaltung von Prozessen innerhalb einer Organisation bzw. über ihre

Grenzen hinweg und verspricht dadurch enorme Kostensenkungen und Qualitätssteigerungen. Mit der Fokussierung auf lineare und planbare Prozesse fand BPR vor allem in der Industrie (u. a. Automobil- und Finanzbereich) Anwendung – durchaus erfolgreich. Pauschale Übertragungen des Konzepts auf den Krankenhauskontext sind jedoch meist gescheitert. Gründe dafür gibt es zahlreiche. So sind Patientenprozesse als Gesamtheit aller Aktivitäten der Anamnese, Diagnose und Therapie meist viel weniger linear und weniger planbar als Produktionsprozesse in der Industrie (OP-Prozesse mögen hier eine Ausnahme sein)."

## 5.9 Logistikcontrolling

Das **Logistikcontrolling** im Gesundheitsbetrieb dient der permanenten und kontinuierlichen Wirtschaftlichkeitskontrolle von materialwirtschaftlichen Kosten und Leistungen durch die Schaffung von Kosten- und Leistungstransparenz entlang der gesamten Lieferkette, durch die Entwicklung aussagekräftiger Logistikkennzahlen und durch ein nachhaltiges Berichtswesen mit der Bereitstellung entscheidungsbezogener Informationen.

Die **Logistik** im Gesundheitsbetrieb beschreibt die integrierte Planung, Durchführung und Kontrolle von Material-, Energie- und Informationsströmen zwischen dem Gesundheitsbetrieb, seinen Patienten, Mitarbeitern, Lieferanten und zusammenarbeitenden Einrichtungen zur Erstellung von Behandlungs- und Pflegeleistungen.

Dazu hat sich die gesundheitsbetriebliche Logistik als ein Ansatz zur Kostenreduzierung durch Spezialisierung bei der Erbringung von materialwirtschaftlichen Dienstleistungen und ingenieurmäßigen Aktivitäten – wie beispielsweise der Entwicklung von Lagertechniken, fahrerlosen Transportsystemen (FTS), Materialfluss- und Kommissioniertechniken – über die Bildung funktionsbereichsübergreifender Logistikketten, hin zu einer den Gesundheitsbetrieb übergreifenden Prozessorientierung entwickelt. Sie stellt eine integrierte Planung und Steuerung der Material- und Informationsflüsse vom Lieferanten von medizinischem Verbrauchsmaterial, über die Erbringung der Behandlungs- und Pflegeleistungen am Patienten, bis hin zur fachgerechten Entsorgung medizinischer Abfälle dar. Diese Betrachtung der gesamten Wertschöpfungskette, die über die Grenzen des Gesundheitsbetriebs hinausgeht, wird auch als **Supply Chain Management** (SCM) bezeichnet (siehe **Abbildung 5.7**).

**Abbildung 5.7** Logistikansatz im Gesundheitsbetrieb.

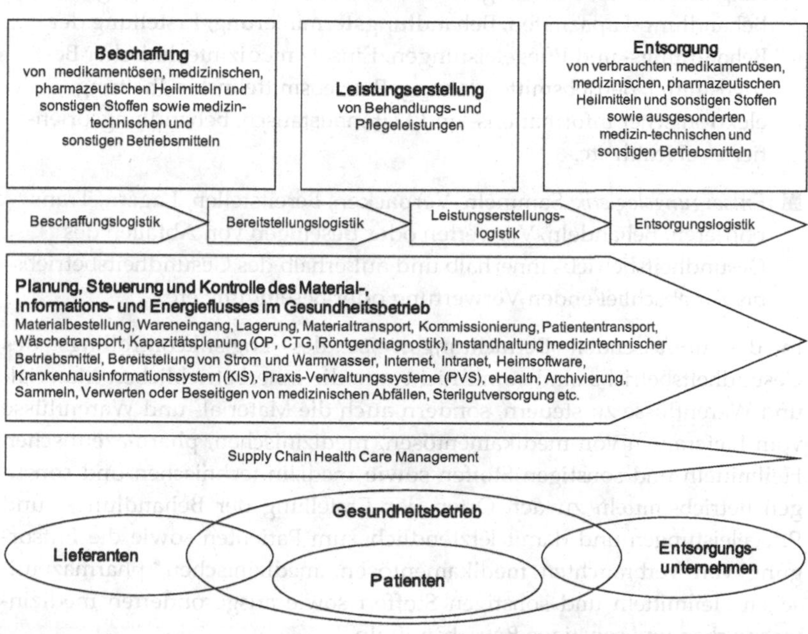


Ausgehend von der Materialwirtschaft herrscht im Gesundheitsbetrieb üblicherweise eine funktionsorientierte Betrachtungsweise vor. Die Aufgabenbereiche der Logistik im Gesundheitsbetrieb lassen sich im Wesentlichen in Beschaffungs-, Bereitstellungs-, Leistungserstellungs- und Entsorgungslogistik einteilen:

- *Beschaffungslogistik*: Angebotseinholung, Lieferantenauswahl, Preisverhandlungen, Bestellung, Bestellüberwachung etc.
- *Bereitstellungslogistik*: Bedarfsermittlung, Beschaffungs- und Bestellrechnung, Ermittlung der Bedarfstermine, Bedarfsauslösung, Bestands-

reservierung, Eingangsprüfung, Reklamationsbearbeitung, Einlagerung, Bestandsüberwachung, Bereitstellung der eingehenden Lieferungen, innerbetrieblicher Warentransport, Patiententransport, Transportorganisation etc.

- *Leistungserstellungslogistik*: Planung des Leistungsprogramms, Normierung und Standardisierung medizinischer Leistungen, Planung von Behandlungskapazitäten, Behandlungsterminierung, Erstellung der Behandlungs- und Pflegeleistungen, Einsatz medizintechnischer Betriebsmittel, Betriebsmittelplanung, Betriebsmittelinstandhaltung, elektronischer Informations- und Datenaustausch, behandlungsorientiertes eHealth etc.

- *Entsorgungslogistik*: Sammeln, Verpacken, Bereitstellen, Lagern, Transportieren, Behandeln, Verwerten oder Beseitigen von Abfällen des Gesundheitsbetriebs innerhalb und außerhalb des Gesundheitsbetriebs bis zur abschließenden Verwertung oder Beseitigung etc.

In der umfassenden Betrachtungsweise des Logistikcontrollings des Gesundheitsbetriebs sind somit nicht nur die innerbetrieblichen Material- und Warenflüsse zu steuern, sondern auch die Material- und Warenflüsse vom Lieferanten von medikamentösen, medizinischen, pharmazeutischen Heilmitteln und sonstigen Stoffen sowie medizin-technischen und sonstigen Betriebsmitteln zu den Orten der Erstellung der Behandlungs- und Pflegeleistungen und damit letztendlich zum Patienten sowie die Entsorgung von verbrauchten medikamentösen, medizinischen, pharmazeutischen Heilmitteln und sonstigen Stoffen sowie ausgesonderten medizintechnischen und sonstigen Betriebsmitteln.

Das Logistikcontrolling umfasst die gesamte Planung, Steuerung und Kontrolle des Material-, Informations- und Energieflusses von den Lieferanten zum Gesundheitsbetrieb, im Gesundheitsbetrieb und vom Gesundheitsbetrieb zur Entsorgung und stellt damit eine wesentliche Aufgabe des **Logistikmanagements** im Gesundheitsbetrieb dar. Es hat die gesundheitsbetriebliche Logistik zielgerichtet und prozessorientiert zu planen und zu steuern. Sein wichtigstes Ziel ist es, jederzeit die Versorgung des Gesundheitsbetriebs und seiner Patienten mit den nötigen medizinischen Leistungen und Materialien sicherzustellen.

**Logistikkennzahlen** sollen Schwachstellen im Logistiksystem des Gesundheitsbetriebs transparent machen. Diese Kennzahlensysteme lassen sich als Messinstrumente einsetzen und stellen üblicherweise eine Mixtur aus kurz- und langfristigen Wirtschaftlichkeits-, Struktur-, Produktivitäts- und Qualitätskennziffern dar (siehe **Tabelle 5.15**).

**Tabelle 5.15** Kennzahlenbeispiele für das Logistikcontrolling im Gesundheitsbetrieb.

| Kennzahl | Beschreibung | Formel |
|---|---|---|
| Servicegrad | Zeigt die Höhe der Versorgungssicherheit bspw. mit medizinischen Verbrauchsmaterialien auf. | Servicegrad in % = (Anzahl der aus dem Lager sofort bedienbaren Anforderungen x 100) ÷ Anzahl der Anforderungen |
| Fehllieferquote | Gibt den Anteil an Fehllieferungen von medizinischen Verbrauchsmaterialien wieder | Fehllieferquote in % = Zahl der nicht korrekten Lieferungen ÷ Gesamtzahl der Lieferungen |
| Auslastungsgrad | Beschreibt den Anteil der ausgelasteten Logistikkapazitäten des Gesundheitsbetriebs gemessen an der insgesamt verfügbaren Kapazität. | Auslastungsgrad in % = (durchschnittliche Kapazitätsnutzung in Stunden x 100) ÷ verfügbare Kapazität in Stunden |
| Wiederbeschaffungszeit | Zeitraum von der Bestellung bis hin zur Lieferung/ Verfügbarkeit von medizinischen Verbrauchsmaterialien | durchschnittliche Wiederbeschaffungszeit in Tagen = durchschnittliche Bestellvorbereitungszeit + durchschnittliche Lieferzeit + durchschnittliche Materialeingangskontrollzeit |

| Kennzahl | Beschreibung | Formel |
|---|---|---|
| Lagerdauerquote | Gibt das Verhältnis zwischen medizinischen Verbrauchsmaterialien mit hoher Umschlagshäufigkeit und niedriger Umschlagshäufigkeit an. | Lagerdauerquote = Anzahl Materialien mit Umschlagshäufigkeit > A ÷ Anzahl Materialien mit Umschlagshäufigkeit < A |
| Reichweite | Zeigt die interne Versorgungssicherheit des Gesundheitsbetriebs auf und gibt die Zeit wieder, für die ein Lagerbestand bei einem durchschnittlichen Materialverbrauch ausreicht. | Reichweite in Tagen = Bestand am Stichtag ÷ durchschnittlicher Verbrauch pro Tag |
| Vorratsstruktur | Gibt den jeweiligen Anteil bestimmter medizinischer Verbrauchsmaterialien am Gesamtlagerbestand wieder. | Vorratsstruktur in % = (Lagerbestandswert Material A in Euro x 100) ÷ Gesamtlagerbestandswert in Euro |
| Flächennutzungsgrad | Gibt Auskunft über den effektiv verwendeten Anteil der Lagerfläche des Gesundheitsbetriebs. | Flächennutzungsgrad in % = belegte Lagerfläche in qm ÷ (gesamt verfügbare Lagerfläche in qm x 100) |

# 6 Gesundheitsbetriebliche Kontrolleinrichtungen

## 6.1 Außer- und innerbetriebliche Kontrolle

Die **Kontrolle** von Gesundheitsbetrieben ist vielschichtig und besteht in der Regel aus einer Vielzahl von externen und internen Kontrolleinrichtungen (siehe **Abbildung 6.1**).

**Abbildung 6.1** Kontrolle des Gesundheitsbetriebs.

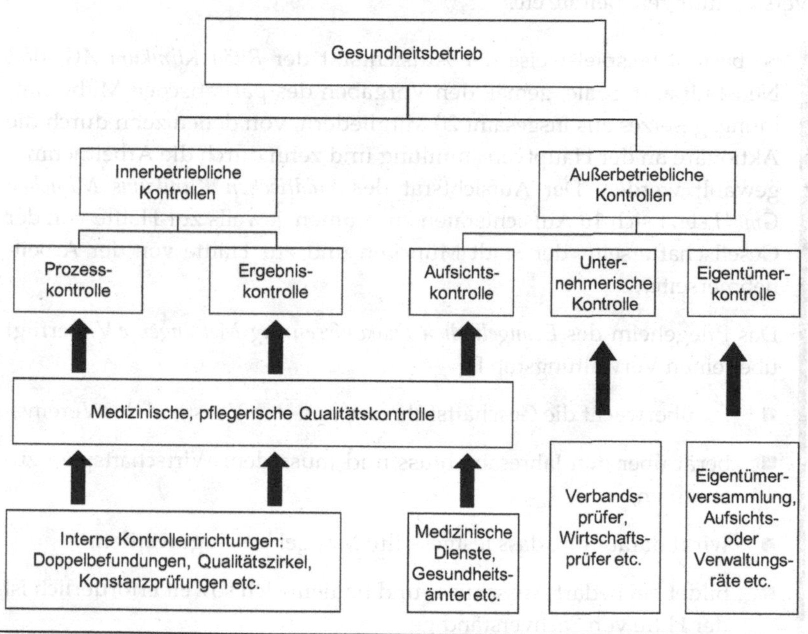

Die **Eigentümerkontrolle** ist üblicherweise in Abhängigkeit von der Rechtsform des Gesundheitsbetriebs per Satzung, Gesellschaftsvertrag oder gesetzlich geregelt. Sie umfasst insbesondere die

- Überwachung der Geschäftsführung/des Vorstands,
- Bestellung/Abberufung der Geschäftsführung/des Vorstands,
- Zustimmung zu betrieblichen Maßnahmen (beispielsweise Wirtschaftsplan),
- Prüfungspflichten (beispielsweise Jahresabschluss),
- Berichtspflichten,
- Beratungsfunktionen.

Wahrgenommen wird die Eigentümerkontrolle von Gesundheitsbetrieben durch Aufsichtsräte, Verwaltungsräte, Eigentümer- bzw. Gesellschafterversammlungen, Beiräte etc.

So besteht beispielsweise der Aufsichtsrat der *Rhön Klinikum AG*, Bad Neustadt a. d. Saale, gemäß den Vorgaben des paritätischen Mitbestimmungsgesetzes aus insgesamt 20 Mitgliedern, von denen zehn durch die Aktionäre an der Hauptversammlung und zehn durch die Arbeitnehmer gewählt werden. Der Aufsichtsrat des *Städtischen Klinikums München GmbH* setzt sich 16 Aufsichtsräten zusammen, jeweils zur Hälfte von der Gesellschafterseite, der Stadt München und zur Hälfte von der Arbeitnehmerseite.

Das Pflegeheim des *Evangelischen Diakonissenring Metzingen e.V.* verfügt über einen Verwaltungsrat. Er

- „…überwacht die Geschäftsführung und den Vorstand des Vereins;
- berät über den Jahresabschluss und muss dem Wirtschaftsplan zustimmen;
- wirkt darauf hin, dass festgestellte Mängel beseitigt werden;
- bildet bei Bedarf Ausschüsse und bedient sich soweit erforderlich ist der Hilfe von Sachverständigen;

- regelt durch Beschlussfassung die Art, den Umfang und die Dauer der Tätigkeit von Ausschüssen und Beauftragten. Legt fest, ob die Ausschüsse beratende oder entscheidende Funktion haben;
- trägt in seiner Gesamtheit die Verantwortung für den Verein;
- hat seine Tätigkeit sorgfältig und gewissenhaft auszuüben;
- hat sich bei der Ausführung seiner Überwachungspflicht um vertrauensvolle Zusammenarbeit mit dem Vorstand zu bemühen:
- hat ein Vorschlagsrecht an die Mitgliederversammlung bei einem Wechsel im Vorstand oder in der Geschäftsführung;
- protokolliert Beschlüsse und Feststellungen;
- wählt aus seiner Mitte einen Vorsitzenden und einen Stellvertreter, der die Sitzungen des Verwaltungsrats einberuft und leitet."

Weitere Kontrolleinrichtungen insbesondere für den ökonomischen Bereich der Gesundheitsbetriebe, beispielsweise für Betriebe in Form großer und mittelgroßer Kapitalgesellschaften, die unter das *Publizitätsgesetz (PublG)* fallen, sind vorgeschriebene **Prüfungen**, wie beispielsweise die Jahresabschlussprüfung, die in der Regel nur von Wirtschaftsprüfern und Wirtschaftsprüfungsgesellschaften vorgenommen werden darf. Zu den *innerbetrieblichen* Kontrolleinrichtungen zählen in diesem Zusammenhang Einrichtungen wie eine **Interne Revision**, die beispielsweise die Ordnungsmäßigkeit und Zuverlässigkeit des Finanz- und Rechnungswesens überprüft.

Das *Deutsche Krankenhausinstitut (DKI)* bietet beispielsweise Seminare zum Thema „Interne Revision im Krankenhaus" mit folgenden Inhalten an:

- „Definition und gesetzliche Grundlagen der Internen Revision
- Ziele und Aufgaben der Internen Revision
- Organisatorischer Aufbau der Internen Revision
- Grundlagen der Revisionsarbeit
- Prüfungsfelder in einem Krankenhaus (mit praktischen Beispielen)

- Der Interne Revisor als Berater und als Mitarbeiter in Projekten".

Zielgruppe dieser Seminare sind „...Geschäftsführer, Verwaltungsdirektoren und kaufmännische Leiter von Krankenhäusern und Krankenhausträgern sowie Mitarbeiter, die im Bereich der Internen Revision bereits tätig sind bzw. diese Aufgabe künftig ausfüllen sollen."

## 6.2 Medizinische und pflegerische Qualitätskontrolle

Im Zentrum der Kontrolle von Gesundheitsbetrieben steht die **medizinische Qualitätskontrolle**.

Ihr Ziel ist es, eine bedarfsgerechte und wirtschaftliche Patientenversorgung auf hohem Niveau sicherzustellen, die fachlich qualifiziert, ausreichend und zweckmäßig ist, sich an der Lebensqualität orientiert und dabei erwünschte Behandlungsergebnisse erreicht.

Nach Angaben des *Krankenhauses Porz am Rhein*, Köln, erstreckt sich seine Qualitätskontrolle auf folgende Aufgaben:

- „Ständige differenzierte Qualitätskontrolle aller zur Bilderzeugung dienenden Systeme sowie auch der Bildqualität (Technik, diagnostische Aussagekraft). Überwachung allgemeiner Arbeitsbedingungen und des Ausbildungsstandes als weitere Parameter einer optimalen Untersuchungsqualität.
- Tägliche Kontrolle der Filmentwicklung für Trocken- und Nass-Systeme
- Monatliche Konstanzprüfung an sämtlichen Röntgengeräten einschl. DSA und CT
- Jährliche stichprobenartige Kontrolle der Aufnahmen aus konventioneller und digitaler Radiographie sowie Mammographie durch die Prüfstelle der Ärztekammer Nordrhein
- Überregionale Bewertung der Interventionen durch die AGIR (Arbeitsgemeinschaft für Interventionen in der Radiologie)

- Interne Qualitätskontrolle der Mammographie durch Doppelbefundung
- Überprüfung der Arbeitsplatzhygiene (Klima, Ergonomie, Bildschirmtechnik unter anderem)
- Zertifizierte CME-Fortbildungsveranstaltungen für Ärzte (Akademie für Fort- und Weiterbildung in der Radiologie und Kardiologie)
- Zertifizierung aller Ärzte durch die Deutsche Gesellschaft für Ultraschall in der Medizin (DEGUM)
- Monatliche Fortbildungsveranstaltungen und Qualitätszirkel mit den kooperierenden Kardiologen."

Die Aufsichtskontrolle wird beispielsweise durch den Medizinischen Dienst der Krankenversicherung (MDK) durchgeführt, der hauptsächlich medizinische, zahnmedizinische und pflegerische Beratungs- und Begutachtungsaufgaben im Rahmen der gesetzlichen Kranken- und Pflegeversicherung wahrzunehmen hat. Er führt allerdings auch Qualitätskontrollen in Pflegeeinrichtungen durch, wobei überprüft wird, ob die Leistungen der Pflegeeinrichtungen den vereinbarten Qualitätsstandards entsprechen und hat dazu auch Einsichtsrecht in die Patientenunterlagen. Darüber hinaus kann er auch stichprobenartige Kontrollen in Räumen von Krankenhäusern durchführen, um zu prüfen, ob die durchgeführten Leistungen dem Patientenbedarf entsprechen und keine Fehlbelegung vorliegt. Kontrollen in der Psychiatrie und Psychotherapie dienen dazu festzustellen, inwieweit das mit dem Fachpersonal umgesetzte Behandlungskonzept eine ausreichende Qualität aufweist.

Die Aufgaben der **Heimaufsicht** des *Kreises Unna* umfassen beispielsweise die

- „…jährlichen unangekündigten Überprüfungen sowie anlassbezogene Überprüfungen der Betreuungseinrichtungen,
- Bearbeitung von Beschwerden und Hinweisen,
- Beratung der Bürgerinnen und Bürger in Betreuungseinrichtungen, Beiräten, Angehörigen, Betreuern, Betreibern und Beschäftigten von Betreuungseinrichtungen,

- Beratung zur Behebung der festgestellten Mängel,
- Ordnungsbehördliche Maßnahmen,
- Koordinierung der Zusammenarbeit mit Kostenträgern, dem Medizinischen Dienst der Krankenkassen und anderen Institutionen auf kommunaler Ebene,
- Veröffentlichung der Prüfberichte."

Die radiologische und nuklearmedizinische **Konstanzprüfung** dient beispielsweise der Qualitätssicherung in der Diagnostik. Sie erfolgt anhand der Kontrolle von festgelegten Bezugswerten, Parametern, Grenzwerten und Prüfkörpern (siehe **Tabelle 6.1**).

**Tabelle 6.1** Radiologische und nuklearmedizinische Konstanzprüfung.

| DIN-Abschnitt | Prüfungsinhalt |
|---|---|
| Radiologische Konstanzprüfung nach DIN 6868 | |
| 002 | Konstanzprüfung der Filmverarbeitung |
| 003 | Konstanzprüfung bei Direktradiographie |
| 004 | Konstanzprüfung an medizinischen Röntgeneinrichtungen zur Durchleuchtung |
| 005 | Konstanzprüfung in der zahnärztlichen Röntgenaufnahmetechnik |
| 007 | Konstanzprüfung an Röntgeneinrichtungen für Mammographie |
| 011 | Konstanzprüfung des Aufzeichnungssystems und der Kamera in der Röntgenkinematographie |
| 012 | Konstanzprüfung an Bilddokumentationssystemen |
| 013 | Konstanzprüfung bei Projektionsradiographie mit digitalen Bildempfänger-Systemen |
| 055 | Abnahmeprüfung an medizinischen Röntgeneinrichtungen; Funktionsprüfung der Filmverarbeitung |

| DIN-Abschnitt | Prüfungsinhalt |
|---|---|
| 056 | Abnahmeprüfung an Bilddokumentationssystemen |
| 057 | Abnahmeprüfung an Bildwiedergabegeräten |
| 058 | Abnahmeprüfung an medizinischen Röntgeneinrichtungen der Projektionsradiographie mit digitalen Bildempfängersystemen |
| 059 | Abnahme- und Konstanzprüfung in der Teleradiologie nach RöV |
| 151 | Abnahmeprüfung an zahnärztlichen Röntgeneinrichtungen; Regeln für die Prüfung der Bildqualität nach Errichtung, Instandsetzung und Änderung |
| 152 | Abnahmeprüfung an Röntgeneinrichtungen für Mammographie |
| Nuklearmedizinische Konstanzprüfung nach DIN 6855 | |
| 01 | In-vivo- und In-vitro-Messplätze |
| 02 | Konstanzprüfung von Einkristall-Gamma-Kameras zur planaren Szintigraphie und zur Einzel-Photonen-Emissions-Tomographie mithilfe rotierender Messköpfe |
| 04 | Konstanzprüfung von PET |
| 11 | Aktivmeter |

Neben den *internen* Kontrollmechanismen von Gesundheitsbetrieben zur Kontrolle von Behandlungsergebnissen und Prozessen gibt es den Vergleich verschiedener Betriebe auf der Basis von messbaren Qualitätsindikatoren nach Vorgaben des *Gemeinsamen Bundesausschusses (GBA)*, Siegburg, dem höchste Gremium der gemeinsamen Selbstverwaltung im deutschen Gesundheitswesen. Er setzt die gesetzlichen Regelungen in praktische Vorgaben für die Gesundheitsbetriebe um, sodass die von ihm beschlossenen Richtlinien für alle Ärzte und Krankenhäuser verbindlich gelten. Die Kontrolle wird ermöglicht durch

- Festlegung und Auswahl bestimmter Operationen und Diagnosen (beispielsweise Entfernung der Gallenblase),

- Sammlung vergleichbarer Operations- und Diagnosedaten in einer Vielzahl von Krankenhäusern,
- Festlegung von Qualitätsmerkmalen,
- anonymisierte Datenauswertung anhand der Qualitätsmerkmale,
- jährliche Zusendung der Ergebnisauswertung (Referenzdaten),
- Abgleich der externen Referenzdaten mit den internen Daten im eigenen Betrieb,
- schriftliche Stellungnahme an den *GBA* und Aufforderung, konkrete Verbesserungsmaßnahmen einzuleiten, wenn wesentlichen Abweichungen von den Referenzdaten festgestellt werden,
- ausgewählte Ergebnisse (beispielsweise Komplikationsraten) müssen von den Gesundheitsbetrieben in einem regelmäßig zu erstellenden Qualitätsbericht veröffentlicht werden.

In ähnlicher Weise funktioniert die Kontrolle durch das **Critical Incident Reporting-System (CIRS)**, einem anonymisierten Fehlerberichtssystem, welches durch die Meldung kritischer Ereignisse dazu beiträgt, die eigenen Prozesse zu überprüfen, um die gemeldeten Fehler zu vermeiden. Anhand der Daten können lediglich das Ereignis, nicht jedoch der Meldende, seine Klinik, Praxis, Pflegeheim oder geschädigte Patienten zurückverfolgt werden. Im Vordergrund stehen dabei die Lernvorgänge und die damit verbundene Initiierung von Kontrollen im eigenen Bereich.

> Das *CIRSmedical* wird vom *Ärztlichen Zentrum für Qualität in der Medizin (ÄZQ)*, Berlin, betreut.
>
> Mithilfe des von *M. Cartes* an der *Medizinischen Hochschule Hannover* entwickelten „3Be-System" (Berichten - Bearbeiten - Beheben) lassen sich ebenfalls Risiken bearbeiten, um so aus den identifizierten kritischen Situationen und Risiken Strategien zur Vermeidung und Handhabung zu entwickeln und umzusetzen. Weitere Fehlerberichtssysteme sind beispielsweise im Bereich der Altenpflege das *Fehlervermeidungssystem des Kuratoriums Deutsche Altershilfe (KDA) der Wilhelmine-Lübke-Stiftung e.V.*, Köln oder das *Fehlerberichts- und Lernsystem für Hausarztpraxen* unter www.jeder-fehler-zaehlt.de.

# 7 Risikomanagement im Gesundheitsbetrieb

## 7.1 Rechtliche Grundlagen

Die Einrichtung eines **Risikomanagements** im Gesundheitsbetrieb wird in Gesetzen, von Wirtschaftsprüfungsgesellschaften und Haftpflichtversicherungen gefordert. Es handelt sich dabei um die systematische Erfassung und Bewertung von Risiken im Gesundheitsbetrieb, sowie deren Steuerung und anzustrebende Vermeidung durch geeignete Präventionsmaßnahmen.

> Das *Gesetz zur Kontrolle und Transparenz im Unternehmensbereich (KonTraG)*, das nicht nur Gesundheitsbetriebe in Form von Aktiengesellschaften (AG) betrifft, sondern beispielsweise auch Kommanditgesellschaften auf Aktien (KGaA) und GmbHs mit Aufsichtsräten, verlangt ein Risikomanagementsystems mit einem Früherkennungssystem für den Fortbestand des Gesundheitsbetriebs gefährdende Entwicklungen. Es wurde mittlerweile in das Aktiengesetz (AktG) und das Handelsgesetzbuch (HGB) eingearbeitet. So sind beispielsweise nach § 289 HGB die Risikomanagementziele und -methoden des Gesundheitsbetriebs explizit im Lagebericht darzustellen.

Die rechtlichen gesetzlichen Grundsätze zur Pflicht eines Risiko- und Notfallmanagements betreffen nicht nur gewerbliche Gesundheitsbetriebe, insbesondere Kapitalgesellschaften, und die in dieser Rechtsform betriebenen Pflegeheime, Krankenhäuser und Gesundheitseinrichtungen, sondern die vielen allgemeinen Schutz- und Sicherheitsvorschriften (beispielsweise Brandschutz, allgemeine Verkehrssicherungspflichten, Arbeitssicherheitsrecht, Unfallverhütungsvorschriften) gelten ebenfalls für Einrichtungen öffentlicher Träger, die zudem häufig weitergehenden Verpflichtungen durch öffentliches Recht sowie innerbehördliche Vorschriften unterliegen. Bundesweit geltende bzw. allgemein anerkannte Regeln der Technik in Sicherheitsfragen oder die Verpflichtung zur Erstellung und Übung von Alarm- und Einsatzplänen unterscheiden nicht, ob sich der betreffende

Gesundheitsbetrieb in privatrechtlicher oder öffentlich-rechtlicher Trägerschaft befindet. So müssen unabhängig davon beispielsweise arbeitsplatzbezogene Unterweisungen vor Ort am Arbeitsplatz durchgeführt und dokumentiert werden, um Kenntnisse über medizintechnische Geräte oder den sicheren Umgang mit Gefahrstoffen zu erlangen (siehe **Tabelle 7.1**).

**Tabelle 7.1** Rechtliche Grundlagen zur arbeitsplatzbezogenen Unterweisung in Gesundheitsbetrieben.

| Rechtsvorschrift | Abkürzung | Fundstelle |
|---|---|---|
| Arbeitsschutzgesetz | ArbSchG | § 12 |
| Betriebssicherheitsverordnung | | § 9 |
| Biologische Arbeitsstoffe im Gesundheitswesen und in der Wohlfahrtpflege | TRBA 250 | Pkt. 5.2 |
| Biostoffverordnung | BioStoffV | § 12 (2) |
| Gefahrstoffverordnung | GefStoffV | § 14(2) |
| Gentechnik-Sicherheits-Verordnung | GenTSV | § 12 (3) |
| Krankenhausbauverordnung | KhBauVO | § 36 (5) |
| Röntgenverordnung | RöV | § 36 |
| Siebtes Buch Sozialgesetzbuch | Gesetzliche Unfallversicherung | § 15 (5) |
| Strahlenschutzverordnung | StrlSchV | § 39 |
| Technische Regeln Gefahrstoffe | TRGS 555 | Abs. 2 |
| Unfallverhütungsvorschrift | GUV-V A1-Grundsätze der Prävention | § 4 |

**Quelle: In Anlehnung an *Universitätsklinikum Aachen* (2009).**

Das *Universitätsklinikum Aachen* erachtet beispielsweise folgende Gesetze und Verordnungen als wichtig für die Arbeitssicherheit:

- Arbeitsschutzgesetz,
- Gefahrstoffverordnung,
- Arbeitsstättenverordnung,
- Biostoffverordnung,
- Röntgenverordnung,
- Strahlenschutzverordnung,
- Mutterschutzgesetz,
- Jugendarbeitsschutzgesetz,
- Schwerbehindertengesetz,
- Betriebssicherheitsverordnung.

## 7.2 Schutzziele

Arbeitsfehler, Unsorgfältigkeiten und unzureichend organisierte Arbeitsabläufe können bei ärztlichen und pflegerischen Leistungen sowie verwaltungstechnischen Tätigkeiten der Patientenversorgung Schadensereignisse und Unglücksfälle nach sich ziehen, bei denen Patienten oder Mitarbeiter des Gesundheitsbetriebs zu Schaden kommen können.

Nach Angaben des *Centrums für Krankenhausmanagement* an der *Westfälischen Universität Münster* ist von ca. 40.000 Behandlungsfehlervorwürfen pro Jahr auszugehen. „Statistisch betrachtet sterben jährlich 6.000 Patienten, weil sie im „falschen" Krankenhaus operiert werden. 128.000 Wundinfektionen führen jedes Jahr zu Liegezeitverlängerungen und treiben die Kosten in die Höhe. Meldungen über Kunstfehler vom falsch entfernten Lungenflügel über OP-Besteck, das in der Bauchhöhle vergessen wurde, bis zum Pfusch bei Krampfadern verunsichern und ermutigen zur Klage gegen Ärzte und Krankenhäuser: Über 50.000 Behandlungsfehlervorwürfe gibt es mittlerweile in Deutschland und fast 25.000 führen die Streitenden vor Gericht."

Obwohl viele Untersuchungs- und Behandlungsverfahren erfolgreicher geworden sind, ist das Risiko von Komplikationen und Gefahren nicht signifikant gesunken. Es ist anzunehmen, dass nicht der medizinische Fortschritt, also die Optimierung der Behandlungs- und Operationsmethoden, zu einer Risikovermehrung führt. Die Ursachen hierfür sind in erster Linie in den Arbeitsabläufen zu suchen. Dünne Personaldecken verursachen Fehleranhäufungen, Informationsdefizite führen zu falschen Behandlungen oder zur Verabreichung falscher Medikamente. Unsachgemäßer Umgang mit Geräten aufgrund von Unachtsamkeit oder mangelnder Schulung und Einweisung des jeweiligen Personals verursacht Schadensfälle. Hinzu kommt das klassische Risiko von Infektionen wie Wund- und Harnwegsinfektionen sowie von Lungenentzündungen und Blutvergiftungen.

Das Risikomanagement im Gesundheitsbetrieb hat daher in erster Linie den Zweck, Patienten, deren Angehörige und Mitarbeiter vor Schädigungen zu schützen. Ferner dient es dem Schutz und der Bewahrung seiner Sachwerte, dem Schutz vor finanziellen Verlusten sowie der Erhaltung immaterieller Werte. Dazu ist die *Erfassung von Zwischenfällen (Incident Reporting)* durchzuführen, die Vorfälle oder Fehler bei der Leistungserstellung darstellen, welche zur Verletzung einer Person oder zur Sachbeschädigung führen könnten oder bereits geführt haben. Mithilfe von Fehlerpotenzialsanalysen lassen sich mögliche Fehler bei der Entwicklung und organisatorischen Umsetzung eines neuen Leistungsangebots oder bei neuen Abläufen im Gesundheitsbetrieb vermeiden, indem deren Wahrscheinlichkeit bewertet und Maßnahmen zur Verhinderung ergriffen werden. Auch das Beschwerdemanagement kann dadurch, dass die in den Beschwerden enthaltenen Informationen Aufschluss auf betriebliche Schwächen und somit wichtige Hinweise für kontinuierliche Verbesserungen geben, zur Fehlerbeseitigung beitragen.

Doch nicht nur Behandlungsfehlervorwürfe, sondern auch Brände, Stromausfälle, Wassereinbrüche können Schadensereignisse für Gesundheitsbetriebe darstellen, die Pflegeheime, Krankenhäuser oder Arztpraxen nachhaltig beeinträchtigen können. Es besteht dann die Gefahr, dass Patienten oder Mitarbeiter in eine gefährliche oder gar lebensbedrohliche Notlage geraten.

Das Risikomanagement des *Bundesamtes für Bevölkerungsschutz und Katastrophenhilfe (BBK)*, Bonn, das kritische Infrastrukturen (beispielsweise Krankenhäuser) schützt, definiert folgende Schutzziele:

- Überlebenswichtige Behandlungs- und Pflegevorgänge dürfen nicht unterbrochen werden.
- Alle anwesenden Personen müssen sich in sicherer Umgebung befinden oder problemlos in eine solche gelangen können.
- Es dürfen zu keinem Zeitpunkt gefährliche oder gesundheitsschädliche Materialien freigesetzt werden.
- Alle für das Überleben von Menschen notwendigen Prozessbausteine sind so zu sichern, dass sie möglichst gar nicht ausfallen oder in sehr kurzer Zeit wieder einsatzbereit sind.

Um ihre individuellen Schutzziele zu erreichen, haben beispielsweise die *Christophorus-Kliniken Coesfeld-Dülmen-Nottuln* ein klinisches Risikomanagement eingeführt, das von *M. Holtel*, Abteilung Qualitätsmanagement, folgendermaßen beschrieben wird:

„Das interdisziplinäre Risikoteam bemisst das Potenzial von Risiken danach, ob sie im Haus schon zufrieden stellend bearbeitet sind oder ein offenes Problem darstellen. Ein Risikoportfolio stellt alle analysierten Risiken in einem Koordinatensystem dar. ... Hilfestellung, ein Risiko möglichst transparent und objektiv zu bewerten, gibt die Einzelbetrachtung verschiedener Kriterien. Die Werte werden nach vorgegebener Checkliste ermittelt, die die Bewertung objektiviert, reproduzierbar und damit personenunabhängig macht. Ähnliches Instrumentarium ist aus der strukturierten Fehler-Möglichkeits-Einfluss-Analyse (FMEA) bekannt. Die ermittelten Werte werden im Koordinatensystem aufgetragen nach Eintrittswahrscheinlichkeit (x-Achse) und möglicher Schadenshöhe (y-Achse). Je weiter ein Risiko im Risikoportfolio nach rechts und nach oben eingestuft wird, desto dringlicher ist es zu bearbeiten."

## 7.3 Risikomanagementsysteme

Für den Aufbau eines Risikomanagementsystems sind zunächst die Bereiche eines Gesundheitsbetriebs zu identifizieren, in denen bestandsgefährdende Risiken entstehen können. Bei der darauf folgenden Risikoinventur sind möglichst alle Risiken vollständig zu erfassen. Die Vollständigkeit kann anhand von Aufgabenkatalogen, Tätigkeitsbeschreibungen etc. für die identifizierten Bereiche des Gesundheitsbetriebs erzielt werden. Anschließend sind die erfassten Risiken hinsichtlich ihrer Eintrittswahrscheinlichkeit und Schadenshöhe zu bewerten. Die Risikosteuerung erfolgt über vordefinierte Risikoindikatoren, die bei Überschreitung von Schwellenwerten Maßnahmen zur Risikobegrenzung auslösen. Die permanente Riskoüberwachung lässt sich durch Einführung eines Quartalreportings durchführen. In einem Risikohandbuch werden die Risiken in verschiedenen Risikoklassen zusammengefasst und das Risikomanagementsystem des Gesundheitsbetriebs mit seinen Verantwortlichen dokumentiert (siehe **Abbildung 7.1**).

Die Risikobewertung kann in unterschiedliche Risikoklassen münden, wobei gesundheitsbetriebliche Risiken für Leib und Leben systemimmanent üblicherweise in den höchsten Schadensklassen zu führen sind. Als Ergebnis erhält man **Risikokoeffizienten**, die die einzelnen Risiken hinsichtlich Eintrittswahrscheinlichkeit und Schadenshöhe wiedergeben und die in ihrer Gesamtheit beispielsweise das Risikoportfolio einer Organisationseinheit des Gesundheitsbetriebs widerspiegeln (siehe **Abbildung 7.2**).

**Abbildung 7.1** Aufbau eines Risikomanagementsystems für den Gesundheitsbetrieb.

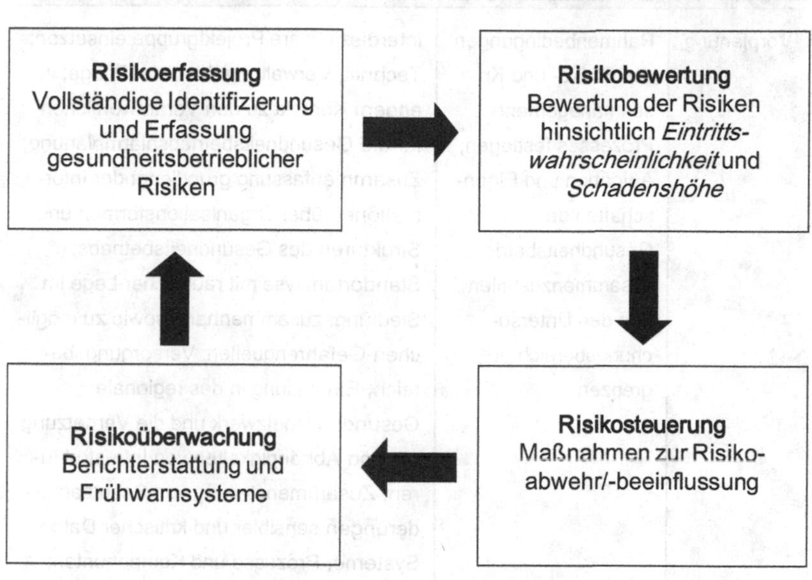


**Abbildung 7.2** Beispiel für ein Risikoscoring

Das Risikomanagementsystem des *BBK* teilt sich beispielsweise in vier Phasen auf: In die Phasen der Vorplanung, der Risikoanalyse, der Risikobewertung und schließlich in die der Maßnahmen (siehe **Tabelle 7.2**).

**Tabelle 7.2** Risikomanagementsystem des *BBK*.

| Phase | Erläuterungen, Beispiele | |
|---|---|---|
| Vorplanung | Rahmenbedingungen des Risiko- und Krisenmanagement-Prozesses festlegen, Aufgaben und Eigenschaften des Gesundheitsbetriebs zusammenzustellen und den Untersuchungsbereich abgrenzen | interdisziplinäre Projektgruppe einsetzen: Technik, Verwaltung, Medizin, Pflege; in engem Kontakt zu den Verantwortlichen für die Gesundheitsbetriebsalarmplanung; Zusammenfassung grundlegender Informationen über Organisationsformen und Strukturen des Gesundheitsbetriebs; Standortanalyse mit räumlicher Lage im Siedlungszusammenhang sowie zu möglichen Gefahrenquellen, Versorgungsbereich, Einbindung in das regionale Gesundheitsnetzwerk und die Vernetzung mit und Abhängigkeiten von Infrastrukturen; Zusammenstellung von Schutzanforderungen sensibler und kritischer Daten, Systeme, Prozesse und Komponenten; Dokumentation der Abhängigkeit von anderen Organisationen oder Systemen: Telefon- und Internetanschluss, öffentliche Versorgung, staatliche Leistungen; Information über Berichte früherer Schwachstellenanalysen oder Risikobewertungen; Risikowahrnehmung wichtigster Gefahren, elementarer Funktionen, unverzichtbare Informationen, Systeme, Komponenten; Beachtung relevanter Grundsätze und Verfahrensweisen: Abläufe der Sicherheits- und Notfallplanung, bereits vorhandene Vorgaben des Arbeitsschutzes, der betrieblichen Kontinuitätsplanung und Katastrophenschutzpläne |

| | | |
|---|---|---|
| Risiko-analyse | Kritikalitätsanalyse | Kritische Prozesse identifizieren und alle Prozessbausteine erfassen, die direkt oder indirekt für die kontinuierliche Funktionsfähigkeit der kritischen Prozesse notwendig sind (beispielsweise Prozessbausteine aus dem Bereich zur Aufrechterhaltung der Intensivstation) |
| | Gefährdungsanalyse | Sammlung von Informationen über Gefahrenkategorien und potenzielle Gefahrenquellen (Naturereignisse, Unfälle und Havarien, kriminelle und terroristische Handlungen), Formulierung möglicher Szenarien, die daraus resultierende Gefährdung und deren Eintrittswahrscheinlichkeit |
| | Verwundbarkeits-analyse | Identifizierung möglicher Anfälligkeiten jedes kritischen Prozessbausteins, Berücksichtigung bereits umgesetzter Schutzmaßnahmen (beispielsweise Zugangskontrollen, Einbruchsicherungen, Schutz von Daten und Informationen, Hochwasserschutzmaßnahmen, Ersatzstromanlagen, Notbrunnen etc.), Abschätzung der Verwundbarkeit |
| Risiko-bewertung | Vergleich der Ergebnisse der Risikoanalyse, Überprüfung auf Plausibilität, Definition des Handlungsbedarfs | |
| Maß-nahmen | Risikovermeidung: beispielsweise Schließung exponierter Standorte; Risikominderung: Maßnahmen, zur Verringerung der Verwundbarkeit von Prozessbausteinen; Risikoüberwälzung: Absicherung finanzieller Risiken durch Versicherungen etc. Risikoakzeptanz: Risiko ist grundsätzlich hinzunehmen, aber zumindest definiert und bekannt. | |

**Quelle: In Anlehnung an *Bundesamt für Bevölkerungsschutz und Katastrophenhilfe (BBK).***

Als weiteres Beispiel für ein Risikomanagementsystem hat die *Berufsgenossenschaft für Gesundheitsdienst und Wohlfahrtspflege (BGW)*, Hamburg, auf ihrer Homepage zum Umgang mit Tätigkeiten mit Gefahrstoffen in Arzt- und Zahnarztpraxen eine virtuelle Praxis eingerichtet, mit folgenden Informationen zum Gefahrstoffmanagement:

- „Im Bereich Informationsermittlung erfassen Sie Ihre individuellen Produkte oder Stoffe, die zu den Gefahrstoffgruppen gehören. Anschließend dokumentieren Sie, ob Ihnen alle notwendigen Informationen dazu vorliegen.
- Beurteilen Sie die Gefährdungen bei Tätigkeiten mit Gefahrstoffen und dokumentieren Sie dies.
- Im Bereich Substitutionsprüfung erfahren Sie zu den von Ihnen erfassten Gefahrstoffgruppen, welche Alternativen Sie einsetzen können. Sie dokumentieren hier gleichzeitig, welche Ersatzlösungen Sie umgesetzt haben.
- Erstellen Sie hier aus allen im Punkt Informationsermittlung erfassten Gefahrstoffen Ihr individuelles Gefahrstoffverzeichnis.
- Prüfen Sie die Umsetzung geeigneter Schutzmaßnahmen für die Gefahrstoffe in Ihrer Praxis.
- Prüfen Sie, ob spezielle arbeitsmedizinische Vorsorgeuntersuchungen erforderlich sind.
- Sie brauchen gefahrstoffbezogene Betriebsanweisungen. Erstellen Sie diese hier direkt am Bildschirm in ausdruckbarer Form.
- Dokumentieren Sie die Durchführung der Unterweisung Ihrer Mitarbeiter beim Umgang mit Gefahrstoffen.
- Prüfen Sie die Umsetzung der Vorgaben zur Aufbewahrung und Lagerung von Gefahrstoffen.
- Prüfen Sie die Umsetzung der Vorgaben zum Gefahrguttransport.
- Dokumentieren Sie Zuständigkeiten Ihrer Mitarbeiter in der Aufgabenübertragung
- Informieren Sie sich über Beschäftigungsbeschränkungen für Jugendliche und werdende Mütter.“

# Glossar

**Arbeitsanalyse**
Bildet die Grundlage für die Gewinnung von Informationen über die fachlichen und persönlichen Leistungsanforderungen eines Aufgabenbereichs, umfasst die systematische Untersuchung der Arbeitsplätze und Arbeitsvorgänge im Gesundheitsbetrieb sowie jener persönlichen Eigenschaften, die der jeweilige Mitarbeiter als Stelleninhaber zur Erfüllung der an ihn gerichteten Leistungserwartungen besitzen sollte. Die Arbeitsanalyse dient somit der Ermittlung sowohl der Arten als auch des jeweiligen Ausmaßes der Arbeitsanforderungen, der Ableitung von Anforderungsprofilen, dem Entwurf von Arbeitsplatzbeschreibungen, der Arbeitsablaufgestaltung und der Einarbeitung neuer Mitarbeiterinnen und Mitarbeiter.

**Balanced Scorecard**
Ihr Einsatz für die Steuerung des Gesundheitsbetriebs dient dazu, die Erreichung von strategischen Zielen messbar und über die Ableitung von Maßnahmen umsetzbar zu machen, wobei sie anhand von Patienten-, Finanz-, Entwicklungs- und Prozessperspektiven im Gegensatz zu klassischen Kennzahlensystemen den Blick auch auf nicht finanzielle Indikatoren lenkt.

**Benchmarking**
Besondere Form des Betriebsvergleichs, bei dem sich der Gesundheitsbetrieb an den besten Konkurrenten oder an den besten innerbetrieblichern Prozessen orientiert und versucht, deren Leistungsniveau in einen oder mehreren Teilbereichen des Gesundheitsbetriebs zu erreichen, um Defizite zum *Benchmark* als Vergleichsmaßstab aufzudecken und Anregungen für Verbesserungen der betrieblichen Situation zu gewinnen.

**Betriebsabrechnungsbogen (BAB)**
Hilfsinstrument zur Verrechnung der Gemeinkosten, das sich als tabellarisch strukturiertes Formular mit einem Tabellenkalkulationsprogramm anlegen lässt und welches die Gemeinkosten anteilig auf die einzelnen Verbrauchsstellen verteilt: In den Tabellenzeilen werden in der Regel die einzelnen Kostenarten

mit den jeweils angefallenen Werten aufgeführt und in den Spalten die einzelnen Kostenstellen.

**Betriebsvergleich**
Stellt eine Gegenüberstellung von Zahlenmaterial des eigenen Gesundheitsbetriebs und Vergleichszahlen einer oder mehrerer anderer Betriebe dar.

**Betriebswirtschaftliche Auswertungen (BWA)**
Basieren in der Regel auf dem Zahlenmaterial der Finanzbuchführung des Gesundheitsbetriebs, verdichten die in der Finanzbuchführung verarbeiteten Werte nach betriebswirtschaftlichen Aspekten und geben ferner in kurzer und prägnanter Form einen Überblick über die wichtigsten Größen des Gesundheitsbetriebs, wobei die Ergebnisse des Vorjahresvergleiches untersucht, die wichtigsten Werte herausgestellt und textlich kommentiert werden.

**Case Mix Index (CMI)**
Beschreibt die durchschnittliche Schwere der Patientenfälle gemessen an dem gesamten Ressourcenaufwand, wird durch Addition von relativen Gewichten den sogenannten Cost Weight (CW eines jeden Patientenfalls ermittelt, was als Summe den Case Mix (CM) ergibt, und durch die Anzahl der Fälle dividiert.

**Cashflow**
Umsatzüberschuss oder Finanzüberschuss eines Gesundheitsbetriebs, der sich als Nettozugang an flüssigen Mitteln aus der Umsatztätigkeit innerhalb eines Zeitraums darstellt.

**Controlling**
Lässt sich allgemein als umfassendes Steuerungs- und Koordinationskonzept zur Führung des Gesundheitsbetriebs verstehen, das mithilfe der Beschaffung, Aufbereitung und Analyse von Informationen und Daten die zielgerichtete Planung, Steuerung und Koordination der betrieblichen Abläufe unterstützt und zur Entscheidungsfindung beiträgt.

**Critical Incident Reporting-System (CIRS)**
Anonymisiertes Fehlerberichtssystem, welches durch die Meldung kritischer Ereignisse dazu beiträgt, die eigenen Prozesse zu überprüfen, um die gemeldeten Fehler zu vermeiden, wobei die Lernvorgänge und die damit verbundene Initiierung von Kontrollen im eigenen Bereich im Vordergrund stehen.

**Diagnosis Related Groups (DRG)**
Wurden ursprünglich in den USA entwickelt, um medizinökonomische Klassifikation von Patienten durchzuführen, wobei das deutsche G-DRG-System Leistungs- und Kostendaten sowie durch jährliche Neukalkulationen die stetige Anpassung an die Behandlungswirklichkeit berücksichtigt, wozu Falldokumentationen der deutschen Krankenhäuser und detaillierte Kostendaten notwendig sind.

**Differenzanalyse**
Schließt sich notwendigerweise an einen Zeit-, Praxis- oder Soll-Ist-Vergleich an und geht von der Höhe der jeweiligen positiven oder negativen Abweichungen der jeweiligen Vergleichswerte aus und versucht die Ursachen hierfür festzustellen.

**Eigentümerkontrolle**
Ist üblicherweise in Abhängigkeit von der Rechtsform des Gesundheitsbetriebs per Satzung, Gesellschaftsvertrag oder gesetzlich geregelt und umfasst insbesondere die Überwachung der Geschäftsführung/des Vorstands, Bestellung/Abberufung der Geschäftsführung/des Vorstands, Zustimmung zu betrieblichen Maßnahmen (beispielsweise Wirtschaftsplan), Prüfungspflichten (beispielsweise Jahresabschluss), Berichtspflichten, Beratungsfunktionen.

**Einnahmenüberschussrechnung**
Methode der Gewinnermittlung, die beispielsweise von Praxisinhabern, die nicht aufgrund gesetzlicher Vorschriften zu regelmäßigen Jahresabschlüssen in einer bestimmten Form verpflichtet sind, genutzt werden kann, wobei sich als steuerpflichtiger Gewinn die Einnahmen des Gesundheitsbetriebs abzüglich der Betriebsausgaben ergeben, die tatsächlich in dem entsprechenden Wirtschaftsjahr angefallen sind (Zufluss- und Abflussprinzip).

**Entscheidung**
Stellt nicht zwangsläufig immer eine bewusste Wahl zwischen zwei oder mehreren Alternativen anhand bestimmter Entscheidungskriterien oder Präferenzen dar, da oftmals auch nicht die Wahl einer bestimmten Alternative, sondern die Unterlassung einer Handlung als Entscheidungsergebnis anzusehen ist.

**Erfahrungskurve**
Bei ihr geht man davon aus, dass bei wiederholtem Auftreten

identischer Behandlungs- bzw. Pflegesituationen es in der Regel zu einer Routinisierung und damit Effizienzsteigerung kommt und die Erfahrungseffekte aufgrund von Übungserfolgen durch Wiederholung der Behandlungsvorgänge, medizinischem Fortschritt und Rationalisierung durch Prozessoptimierung in sinkende Behandlungs- bzw. Pflegefallkosten münden.

**Finanzierungscontrolling**
Umfasst die Steuerungsmaßnahmen zur Aufrechterhaltung der Zahlungsfähigkeit des Gesundheitsbetriebs und zur Koordination von Finanzierungsentscheidungen. Dazu zählen sowohl die Überwachung der kurz-, mittel- und langfristigen Finanzsituation, die Analyse und Beeinflussung der Finanzierungskosten. als auch die Unterstützung der externen Rechnungslegung.

**Finanzplanung**
Systematische Erfassung, die Gegenüberstellung und den gestaltenden Ausgleich zukünftiger Zu- und Abnahmen liquider Mittel.

**Fixkostenmanagement**
Dient zur Erhöhung der Transparenz der Fixkosten im Gesundheitsbetrieb sowie zur möglichst vorteilhaften Gestaltung seines Fixkostenblocks.

**Fluktuationsquote**
Ermittelt die Personalbewegungen und damit auch Aussagen über die Zufriedenheit am Arbeitsplatz.

**Gesamtkapitalrentabilität**
Ausdruck für die Leistungsfähigkeit des im Gesundheitsbetrieb arbeitenden Kapitals: Gewinn und Fremdkapitalkosten werden zu einer Größe zusammengefasst und auf das durchschnittlich gebundene Kapital bezogen.

**Gesundheitsbetrieb**
In sich geschlossene Leistungseinheit zur Erstellung von Behandlungs- oder Pflegeleistungen an Patienten oder Pflegebedürftigen, die dazu eine Kombination von Behandlungseinrichtungen, medizinischen Produkten und Arbeitskräften einsetzt, wobei auch Betriebsmittel, Stoffe und sonstige Ressourcen zum Einsatz gelangen können, die nur mittelbar zur Erstellung der Behandlungs- oder Pflegeleistungen beitragen.

**Gesundheitsbetriebslehre**
Vergleichbar mit der Industrie-

betriebslehre, Handelsbetriebslehre oder Bankbetriebslehre: Sie befasst sich mit einer speziellen Betriebsart, den Gesundheitsbetrieben und geht davon aus, dass die Ressourcen für einen Gesundheitsbetrieb begrenzt sind und daher einen ökonomischen Umgang mit den knappen Mitteln erfordern.

**International Statistical Classification of Diseases and Related Health Problems (ICD-10)**
Ursprünglich eine von der *Weltgesundheitsorganisation (WHO)* erstellte internationale statistische Klassifikation der Krankheiten und verwandter Gesundheitsprobleme, die ins Deutsche übertragen wurde und in der 10. Revisionsform verwendet wird.

**Interne Revision**
Innerbetriebliche Kontrolleinrichtung des Gesundheitsbetriebs, die beispielsweise die Ordnungsmäßigkeit und Zuverlässigkeit des Finanz- und Rechnungswesens überprüft.

**Investitionscontrolling**
Umfasst die Planung, Kontrolle, Steuerung und Informationsversorgung bei Investitionen des Gesundheitsbetriebs mit der Verwendung finanzieller Mittel für Zugänge bei Finanz- und Sachanlagen, Umlaufvermögen oder immaterieller Vermögensteile.

**Investitionsrechnung**
Verfahren zur Beurteilung verschiedener Investitionsalternativen im Gesundheitsbetrieb, die Aussagen über die Wirtschaftlichkeit einer Investition in den Gesundheitsbetrieb oder mehrerer Investitionsalternativen liefern sollen, da sie hinsichtlich der quantifizierbaren Faktoren eine Grundlage von Investitions- und Finanzierungsentscheidungen darstellen

**Konstanzprüfung**
Dient beispielsweise der radiologischen und nuklearmedizinischen Qualitätssicherung in der Diagnostik anhand der Kontrolle von festgelegten Bezugswerten, Parametern, Grenzwerten und Prüfkörpern.

**Kostencontrolling**
Hat die Aufgabe, die Koordination von Planung und Kontrolle der Kosten des Gesundheitsbetriebs mit der Steuerung der Informationsversorgung über die Kostenentwicklung wahrzunehmen.

**Krankenausfallquote**
Gibt über die Ausfallzeiten des Personals Auskunft.

**Lebenszykluskonzept**
Geht ursprünglich auf die Marketingliteratur zurück und lässt die allgemeine Entwicklung eines Gesundheitsbetriebs als eine Art „Lebensweg" betrachten.

**Leitbild**
Ausformulierung der gelebten oder zumindest angestrebten betrieblichen Kultur, an deren Normen und Werten sich die Mitarbeiter des Gesundheitsbetriebs orientieren können, die im Sinne einer abgestimmten, einheitlichen Identität des Gesundheitsbetriebs (Coporate Identity) und einheitlicher Verhaltensweisen (Coporate Behaviour) integrativ wirken und gleichzeitig Entscheidungshilfen und -spielräume aufzeigen soll.

**Liquiditätskennzahlen**
Informieren über die Liquidität des Gesundheitsbetriebs und somit beispielsweise darüber, ob zur kurzfristigen Begleichung fälliger Verbindlichkeiten ausreichend eigene Zahlungsmittel zur Verfügung stehen.

**Liquiditätskontrolle**
Hat die Aufgabe, einen Abgleich zwischen den Liquiditätsplanwerten des Gesundheitsbetriebs und den Istwerten durchzuführen, bei Abweichungen Maßnahmen auszulösen, die eine finanzielle Schieflage vermeiden und die Ursachen der Abweichungen zu ergründen.

**Logistikcontrolling**
Dient der permanenten und kontinuierlichen Wirtschaftlichkeitskontrolle von materialwirtschaftlichen Kosten und Leistungen durch die Schaffung von Kosten- und Leistungstransparenz entlang der gesamten Lieferkette, durch die Entwicklung aussagekräftiger Logistikkennzahlen und durch ein nachhaltiges Berichtswesen mit der Bereitstellung entscheidungsbezogener Informationen.

**Marketingcontrolling**
Versuch des Gesundheitsbetriebs, den Erfolg seiner Marketingaktivitäten zu messen, zu kontrollieren und zu steuern, um sie konzeptionell und zielgerichtet weiterzuentwickeln. Maßstab ist dabei der Erfolg im Patientenmarkt und damit der Nachweis der Effizienz der Marketingmaßnahmen.

**Medizincontrolling**
Nimmt einerseits die allgemeinen Controllingfunktionen und -aufgaben für den Gesundheitsbetrieb wahr und stellt andererseits auf die Besonderheiten der Prozess-, Struktur- und Ergebnisqualität der medizinischen Leistungserstellungsprozesse im Gesundheitsbetrieb ab.

**Operationen- und Prozedurenschlüssel (OPS)**
Stellen die deutsche Modifizierung der internationalen Prozedurenklassifikation in der Medizin (ICPM) für die Leistungssteuerung, den Leistungsnachweis und die Grundlage für die Leistungsabrechnung der Krankenhäuser und niedergelassenen Ärzte dar.

**Organisationscontrolling**
Hat die Aufgabe, durch Planung, Steuerung und Kontrolle der Organisationsprozesse die Aufbau- und Ablauforganisation des Gesundheitsbetriebs zu optimieren, wobei insbesondere auch das Controlling der Projekt- und der Prozessorganisation im Gesundheitsbetrieb dazu zählt.

**Patient Clinical Complexity Level (PCCL)**
Stellt einen Wert zwischen 0 und 4 dar, der nach einer mathematischen Formel berechnet wird und den patientenbezogenen Gesamtschweregrad beispielsweise in DRG-Klassifikationssystemen repräsentiert.

**Personalcontrolling**
Spezielle Form des allgemeinen Controllings zur Analyse der gegebenen Informationen von und über die Mitarbeiter, zur Vorbereitung und Kontrolle von personalrelevanten Entscheidungen auf der Grundlage dieser Informationen. Wird zudem zur Steuerung und Koordination der Informationsflüsse im Personalbereich eingesetzt.

**Pflegecontrolling**
Befasst sich neben dem Medizincontrolling insbesondere mit den Besonderheiten der pflegerischen Versorgungs- bzw. Leistungsprozesse. Dies beinhaltet sowohl die Herausbildung eines speziellen Controllings für Pflegeeinrichtungen als auch eines Controllings von Pflegeprozessen.

**Planung**
Bildet den logischen Ausgangspunkt des betrieblichen Managements und bedeutet, zukünftiges Handeln unter Beachtung des Rationalprinzips gedanklich vorwegzunehmen.

**Planungsprozess**
Unterteilt sich grundsätzlich in die Phasen der

- Problemformulierung,
- Alternativenfindung,
- Alternativenbewertung,
- Entscheidung.

**Produktivitätskennzahlen**
Geben beispielsweise Aufschluss über die Produktivität des Gesundheitsbetriebs und seiner Mitarbeiter.

**Prüfung**
Vorgeschriebener Kontrollvorgang insbesondere für den ökonomischen Bereich der Gesundheitsbetriebe, beispielsweise für Betriebe in Form großer und mittelgroßer Kapitalgesellschaften die unter das *Publizitätsgesetz (PublG)* fallen: So darf beispielsweise die Jahresabschlussprüfung in der Regel nur von Wirtschaftsprüfern und Wirtschaftsprüfungsgesellschaften vorgenommen werden.

**Qualitätskennzahlen**
Dienen der Beurteilung des Grades der jeweiligen Zielrichtung.

**Return on Investment (RoI)**
Beschreibt die Rentabilität des gesamten Kapitaleinsatzes, stellt dar, wie das eingesetzte Kapital durch die Leistung des Gesundheitsbetriebs verzinst wird und errechnet sich üblicherweise aus dem Verhältnis des gesamten investierten Kapitals und des Umsatzes zum Gewinn.

**Risikocontrolling**
Kann beispielsweise in Anlehnung an die *Mindestanforderungen an das Risikomanagement (MaRisk)* der *Bundesanstalt für Finanzdienstleistungsaufsicht (BaFin)* als Mess- und Überwachungssystem der Risikopositionen des Gesundheitsbetriebs und Analysesystem des mit ihnen verbundenen Verlustpotenzials beschrieben werden.

**Risikoentscheidungen**
Die Eintrittswahrscheinlichkeiten eines Risikos werden beispielsweise durch Berechnung ermittelt oder aus Vergangenheitswerten abgeleitet.

**Risikokoeffizienten**
Geben die einzelnen Risiken hinsichtlich Eintrittswahrscheinlichkeit und Schadenshöhe wieder und spiegeln in ihrer Gesamtheit beispielsweise das Risikoportfolio einer Organisationseinheit des Gesundheitsbetriebs wider.

**Risikomanagement**
Befasst sich mit der systematischen Identifizierung, Erfassung, Bewertung und Steuerung der gesundheitsbetrieblichen Risiken.

**Soll-Ist-Vergleich**
Setzt die Planvorgabe von aus den Zielen des Gesundheitsbetriebs abgeleiteten Sollwerten voraus, mit denen die am Ende der Vergleichsperiode erreichten Istwerte verglichen werden, wodurch er eine Ergänzung des Zeitvergleichs darstellt, allerdings mit dem Unterschied, dass zusätzlich zur Beobachtung der Entwicklung entlang der Zeitachse die bewusste Setzung von Zielvorgaben in Form der Sollwerte hinzukommt.

**Target Costing**
Beruht im Wesentlichen auf einer retrograden Kalkulation: Im Gegensatz zu einer üblichen Kalkulation, bei der ein Gewinnzuschlag zu den vorliegenden Kosten die Erlöserzielung bestimmt (cost-plus-calculation), werden zunächst ein Zielpreis (target price) für eine Behandlungsleistung ermittelt, der beispielsweise durch die vorgesehene Vergütung im Rahmen der Privat- und Kassenliquidation vorgegeben ist. Von diesem wird die geplante Ergebnismarge (target profit) abgezogen, sodass sich die maximale Kostenhöhe (allowable costs) für diese Behandlungsleistung ergibt.

**Überstundenquote**
Kann einerseits die Einsatzbereitschaft des Personals des Gesundheitsbetriebs zum Ausdruck bringen, lässt andererseits bei dauerhaft hohen Werten aber auch den Schluss zu, dass zuwenig Personal zur Verfügung steht und die Personalbedarfsrechnung des Gesundheitsbetriebs nicht stimmt.

**Umsatzrentabilität**
Beschreibt, mit welchem Umsatz welcher Gewinn erzielt wird und sollte eine Rendite widerspiegeln, die multipliziert mit dem Kapitalumschlag eine vernünftige Gesamtkapitalrentabilität entstehen lässt.

**Umsatzzuwachsrate**
Drückt die Entwicklung des gesundheitsbetrieblichen Umsatzes durch den Vergleich des Umsatzes einer bestimmten Periode mit einer Vergleichsperiode aus.

**Ungewissheitsentscheidungen**
Es sind deren mögliche Auswirkungen bekannt, aber nicht die jeweiligen Eintrittswahrscheinlichkeiten.

**Unsicherheitsentscheidungen**
Bei ihnen sind die Auswirkungen und/oder deren Eintrittswahrscheinlichkeiten nicht mit völliger Sicherheit vorauszusagen.

**Zeitvergleich**
Lässt sich entlang der Zeitachse (wöchentlich, monatlich, quartalsweise, jährlich, mehrjährig) für verschiedene Bereiche innerhalb eines Gesundheitsbetriebs anhand absoluter oder relativer Werte bzw. Kennzahlen durchführen.

**Ziele**
Sind zunächst allgemein die erwünschte Zustände, Zustandsfolgen oder auch Leitwerte für zu koordinierende Aktivitäten eines Gesundheitsbetriebs, von denen ungewiss ist, ob sie erreicht werden.

**Zuwachsraten**
Geben Auskunft über die Entwicklung von Umsatz-, Gewinn- oder Kostengrößen in Vergleichszeiträumen.

# Abbildungsverzeichnis

# Tabellenverzeichnis

# Literaturhinweise

Ärztekammer Schleswig-Holstein, Krankenhausausschuss: Richtgrößen zur Planung des ärztlichen Personalbedarfs in Krankenhäusern, Informationsbroschüre, Stand: 2008, S. 7ff.

Akademie für Wirtschaft und Sozialmanagement, F+U Rhein-Main-Neckar gGmbH, Heidelberg: Das Teilprojekt Pflegecontrolling nach § 80 SGB XI, http://fuu-ak-wiso.de/index.php/praxisprojekte/pflegecontrolling/pflegecontrolling; Abfrage: 27.01.2011.

Arbeitsgruppe Medizin-Controlling (AG MedCo) innerhalb der GMDS (Deutsche Gesellschaft für medizinische Informatik, Biometrie und Epidemiologie e.V.): Ziele der AG innerhalb der GMDS, http://www.ecq-med.de/frames/gmds/ag_bund.htm; Abfrage: 08.12.2010.

Arbeitsschutzgesetz (ArbSchG) vom 7. August 1996 (BGBl. I S. 1246), zuletzt durch Artikel 15 Absatz 89 des Gesetzes vom 5. Februar 2009 (BGBl. I S. 160) geändert

Arbeitsstättenverordnung (ArbStättV) vom 12. August 2004 (BGBl. I S. 2179), zuletzt durch Artikel 9 der Verordnung vom 18. Dezember 2008 (BGBl. I S. 2768) geändert.

Becker, H. u. a. (2002): Produktivität und Menschlichkeit, 5. Aufl., Lucius & Lucius-Verlag, Berlin.

Berufsgenossenschaft für Gesundheitsdienst und Wohlfahrtspflege (BGW): Herzlich Willkommen beim Online-Gefahrstoffmanagement für Arzt- und Zahnarztpraxen - Gefahrstoffmanagement - einfach und schnell!, http://www.bgw-online.de/internet/generator/Navi-bgw-online/NavigationLinks/Virtuelle_20Praxis/navi.html; Abfrage: 28.02.2011.

Beschorner, D. u. a. (2006): Allgemeine Betriebswirtschaftslehre, NWB-Verlag, Herne u. a., S. 360.

Biostoffverordnung (BioStoffV) vom 27. Januar 1999 (BGBl. I S. 50), zuletzt durch Artikel 3 der Verordnung vom 18. Dezember 2008 (BGBl. I S. 2768) geändert.

Bücker, T. (2005): Operatives Pflegecontrolling im Krankenhaus, Schlütersche Verlagsbuchhandlung, Hannover.

Bücker, T.: Pflegecontrolling für Stationsleitungen – Anwendung des Target Costing auf einer kardiologischen Abteilung, http://pflege.klinikum-grosshadern.de/campus/controll.html, Abfrage: 31.01.2011.

Bundesamt für Bevölkerungsschutz und Katastrophenhilfe (BBK): Schutz Kritischer Infrastruktur: Risikomanagement im Krankenhaus, in: Bundesamt für Bevölkerungsschutz und Katastrophenhilfe (Hrsg.): Schriftenreihe „Praxis im Bevölkerungsschutz", Reihe 2, Bonn 2008, S. 19ff.

Bundesanstalt für Finanzdienstleistungsaufsicht (BaFin): Rundschreiben 15/2009 (BA) - Mindestanforderungen an das Risikomanagement – MaRisk, AT 4.3.2 Risikosteuerungs- und -controllingprozesse, Geschäftszeichen: BA 54-FR 2210-2008/0001, Bonn/Frankfurt a. M., 14.08.2009.

Bundeswehrkrankenhaus Ulm: Kostencontrolling, http://www.bundeswehrkrankenhaus-ulm.de/portal/a/ulm/kcxml/04_Sj9SPykssy0xPLMnMz0vM0Y_QjzKLN3KJNzQx9AFJQjjGgSH6kQjxoJRUfV-P_NxUfW_9AP2C3IhyR0dFRQBPLbGc/delta/base64xml/L3dJdyEvd0ZNQUFzQUMvNElVRS82XzJEXzE0NEU!; Abfrage: 31.01.2011.

Camp, R. (1994): Benchmarking, Carl-Hanser-Verlag, München/Wien.

Cartes, M.: Einführung von Critical Incident Reporting System an der Medizinischen Hochschule Hannover – „Das 3Be-System – Berichts-, Bearbeitungs-, Behebungssystem für Beinahe-Zwischenfälle"; http://www.aok-gesundheitspartner.de/imperia/md/content/gesundheitspartner/niedersachsen/krankenhaus/qualitätssicherung/symposien/mhh_bew.pdf; Abfrage: 17.02.2011.

Centrum für Krankenhausmanagement an der Westfälischen Universität Münster: Veranstaltungsankündigung Medizin, Ökonomie und Recht - Risiko-Management in Krankenhaus und Arztpraxis, S. 2, http://www1.wiwi.uni-muenster.de/fakultaet/termine/2008/04/21/flyer_juwimed2008.pdf; Abfrage: 22.02.2011.

DATEV e. G.: Lösungen für soziale Einrichtungen, http://www.datev.de/portal/ShowContent.do?pid=dpi&rid=306653; Abfrage: 18.01.2011.

Deutsche Gesellschaft für Medizincontrolling e.V. (DGfM): Aufgaben und Ziele, http://www.medizincontroller.de/aufgaben.php; Abfrage: 06.12.2010

Deutsches Krankenhaus Institut (DKI): Interne Revision im Krankenhaus, http://www.dki.de/index.php?TM=0&BM=4&LM=1&semnr=4178&RZeit=&SB=; Abfrage: 22.02.2011.

Deutsches Krankenhaus Institut (DKI): Klinisches Risikomanagement im Krankenhaus, http://www.dki.de/index.php?TM=0&BM=2&LM=151; Abfrage: 08.12.2010.

Deutsches Krankenhaus Institut (DKI): Praxisseminar: Pflege-Controlling, http://www.dki.de/index.php?TM=0&BM=4&LM=1&semnr=4139&RZeit=&SB=; Abfrage: 27.01.2011.

Diakoniekrankenhaus Friederikenstift gGmbH: Medizincontrolling, http://www.friederikenstift.de/deutsch/Wirberuns/Medizincontrolling/page.html; Abfrage: 19.01.2011

Diemer, H. (2010): Ärztliches und nichtärztliches Medizincontrolling, Vortrag auf dem 10. Herbstsymposium der Deutschen Gesellschaft für Medizincontrolling, Frankfurt, 01. Oktober 2010, Präsentationsdokumentation, S. 5.

Eiff, W. von u. a. (2007): Risikomanagement: Kosten-/Nutzen-basierte Entscheidungen im Krankenhaus, 2. Auflg., in: Eiff, W. von u. a. (Hrsg.): Schriftenreihe Gesundheitswirtschaft, Bd. 2, kma-Reader/WIKOM-Verlag (Thieme), Stuttgart.

Evangelischer Diakonissenring Metzingen e.V.: Der Verwaltungsrat des Evangelischen Diakonissenring Metzingen e.V., http://www.diakonissenring.de/cms/startseite/ansprechpartner/verwaltungsrat/; Abfrage. 22.02.2011.

Fauth, T. (2008): Controlling in ambulanten Pflegeeinrichtungen, VDM Verlag Dr. Müller, Saarbrücken

Fischer, T. (2008): Risikomanagement im Krankenhaus, VDM Verlag Dr. Müller, Saarbrücken.

Fissenewert, P. (2006): Die Arztpraxis in der Insolvenz: Nicht zwangsläufig das Ende, in: Deutsches Ärzteblatt, Heft 2/2006, 103. Jahrg., Deutscher Ärzte Verlag, Köln, S. 16f.

Fleßa, S. (2008): Grundzüge der Krankenhaussteuerung, Oldenbourg-Verlag, München.

Flintrop, J. (2000): Krankenhaus: Überstunden zum Wohle der Karriere!, in: Deutsches Ärzteblatt, Heft 11/2000, 97. Jahrg., Deutscher Ärzte Verlag, Köln, S. 671 ff.

Freie und Hansestadt Hamburg (Hrsg., 2010): Krankenhausplan 2015 der Freien und Hansestadt Hamburg, 1. Aufl., S. 5.

Frieling, M. (2005): Controlling im Krankenhaus – ein Praxisbericht aus dem Stiftungsklinikum Mittelrhein, in: Zeitschrift für Controlling und Management (ZfCM Controlling & Management), Gabler-Verlag, Wiesbaden, Sonderheft 1/2005.

Frodl, A. (2010): Gesundheitsbetriebslehre, Gabler Verlag, Wiesbaden.

Frodl, A. (2008): BWL für Mediziner, Walter DeGruyter Verlag, Berlin u. a.

Frodl, A. (2007): Management-Lexikon für Mediziner, Schattauer-Verlag, Stuttgart.

Frodl, A. (2004): Management von Arztpraxen: Kosten senken, Effizienz steigern - Betriebswirtschaftliches Know-how für die Heilberufe, Gabler Verlag, Wiesbaden.

Gefahrstoffverordnung (GefStoffV) vom 23. Dezember 2004 (BGBl. I S. 3758, 3759), zuletzt durch Artikel 2 der Verordnung vom 18. Dezember 2008 (BGBl. I S. 2768) geändert.

Gentechnik-Sicherheitsverordnung (GenTSV) in der Fassung der Bekanntmachung vom 14. März 1995 (BGBl. I S. 297), zuletzt durch Artikel 4 der Verordnung vom 18. Dezember 2008 (BGBl. I S. 2768) geändert.

Deutsche Gesetzliche Unfallversicherung (DGUV, Hrsg.): Grundsätze der Prävention, GUV-V A 1, Ausgabe Juli 2004, Berlin.

Gesetz zur Sicherung der Eingliederung Schwerbehinderter in Arbeit, Beruf und Gesellschaft (Schwerbehindertengesetz - SchwbG) in der Fassung der Bekanntmachung vom 26. August 1986 (BGBl I S. 1421, 1550), zuletzt geändert durch Art. 9 des Gesetzes vom 19. Dezember 1997 BGBl I S. 3158); ist per 1.10. 2001 in das Sozialgesetzbuch – Neuntes Buch – (SGB IX) Rehabilitation und Teilhabe behinderter Menschen eingestellt worden. (Bundesgesetzblatt I vom 19. Juni 2001, S. 1046).

Gramminger, S. (2008): Kodierfachkräfte – ran ans Krankenbett! Das Koder-Casemanagement-Modell, in: Forum der Medizin_Dokumentation und Medizin_Informatik 2/2008, Heidelberg, S. 60.

Hammer, M. u. a. (1995): Business Reengineering - Die Radikalkur für das Unternehmen, 5. Aufl., Campus-Verlag, Frankfurt a. M. u. a.

Hochschule Osnabrück, Lehrgebiet Allgemeine Betriebswirtschaftslehre mit dem Schwerpunkt Rechnungswesen, insbesondere Controlling im Gesundheitswesen, Projekt: Aufbau eines Risikocontrollings in Einrichtungen der Stationären Altenhilfe unter besonderer Berücksichtigung von Basel II; http://www.wiso.hs-osnabrueck.de/25584.html; Abfrage: 09.12.2010.

Holtel, M. u. a. (2010): Risikomanagement im Krankenhaus: Fehler systematisch aufspüren, in: Dtsch. Arztebl. 2010; 107(43): A 2096–8, http://www.aerzteblatt.de/v4/archiv/artikel.asp?id=78971; Abfrage: 28.02.2011.

Horváth, P.(2009): Controlling, 11. Auflg., Vahlen-Verlag, München

Jugendarbeitsschutzgesetz (JArbSchG) vom 12. April 1976 (BGBl. I S. 965), zuletzt durch Artikel 3 Absatz 2 des Gesetzes vom 31. Oktober 2008 (BGBl. I S. 2149) geändert .

Kehl, T. u. a.: Strategieentwicklung und ihre Umsetzung mit der Balanced Scorecard – das Praxis-Beispiel der Zürcher Höhenkliniken, in: Der Controlling-Berater, Heft 4/2005, Haufe-Verlag, Freiburg 2005.

Klinikum Bremen – Mitte: Geschichte - Von der Krankenanstalt zum Gesundheitszentrum, http://www.klinikum-bremen-mitte.de/internet/kbm/de/Ueber_uns/Geschichte/index.html; Abfrage: 10.12.2010.

Klinikum Ingolstadt: Pflegecontrolling, http://www.klinikum-ingolstadt.de/index.php?id=647; Abfrage: 08.12.2010.

Koch, J. (2004): Betriebswirtschaftliches Kosten- und Leistungscontrolling in Krankenhaus und Pflege, Oldenbourg-Verlag, München.

Krankenhausbauverordnung - (KhBauVO) in der Fassung der Bekanntmachung vom 27. Januar 1970(GV. NW. S.96), geändert durch Gesetz vom 15. Juli 1976(GV. NW. S. 264).

Krankenhaus Porz am Rhein, Köln: Qualitätskontrolle, http://www.khporz.de/modules.php?op=modload&name=News&file=article&sid=143; Abfrage: 14.02.2011.

Kreis Unna: Aufgaben der Heimaufsicht, http://www.kreis-unna.de/startseite/politik-amp-verwaltung/verwaltung/arbeit-und-soziales/hilfen-bei-pflegebeduerftigkeit/heimaufsicht/aufgaben-der-heimaufsicht.html; Abfrage: 22.02.2011.

Lux, P. (1999): Pflege-Controlling - Ein Aufgabenfeld des Pflegemanagements im Krankenhaus, Diplomarbeit, Katholische Fachhochschule Norddeutschland, Osnabrück.

Marienkrankenhaus Hamburg: Auszeichnung für hervorragende Marketingleistungen, http://www.marienkrankenhaus.org/index.php?id=145&tx_ttnews%5Btt_news%5D=545&cHash=5ea014657e; Abfrage: 14.02.2011.

Mutterschutzgesetz (MuSchG) in der Fassung der Bekanntmachung vom 20. Juni 2002 (BGBl. I S. 2318), zuletzt durch Artikel 14 des Gesetzes vom 17. März 2009 (BGBl. I S. 550) geändert .

Orthopädische Universitätsklinik Friedrichsheim gGmbH, Frankfurt am Main: Klinikleitbild, http://www.orthopaedische-uniklinik.de/191.html; Abfrage: 13.12.2010.

Paritätische NRW - GSP - Gemeinnützige Gesellschaft für soziale Projekte mbH: Ethische Entscheidungen im Krankenhaus - Ärzte und Pflegemitarbeiter müssen ethisch schwierige Entscheidungen fällen, http://www.blickwechseldemenz.de/content/e967/e1533/; Abfrage: 13.12.2010.

Pies, H.: Ambulante Kodierrichtlinien: „Wer nicht kodiert verliert", in: KVNO aktuell 10/2010, S. 5.

Robert-Koch-Institut (RKI): Richtlinie über die ordnungsgemäße Entsorgung von Abfällen aus Einrichtungen des Gesundheitsdienstes (Stand: Januar 2002), http://www.rki.de/cln_151/nn_201414/DE/Content/Infekt/Krankenhaushygiene/Kommission/Downloads/LAGA-Rili,templateId=raw,property=publicationFile.pdf/LAGA-Rili.pdf; Abfrage: 21.12.2010.

Rhön Klinikum AG: Aufsichtsrat, http://www.rhoen-klinikum-ag.com/rka/cms/rka_2/deu/27469.html; Abfrage: 22.02.2011.

Röntgenverordnung (RöV) in der Fassung der Bekanntmachung vom 30. April 2003 (BGBl. I S. 604).

Roth, A. (2006): Fehlermanagement im Krankenhaus, VDM Verlag Dr. Müller, Saarbrücken.

Rüegg-Stürm, J. u. a. (2008): Prozessmanagement im Krankenhaus: Spielarten und deren Wirkungsweisen, in: Schweizerische Ärztezeitung | Bulletin des médecins suisses | Bollettino dei medici svizzeri, 39/2008, 89. Jahrgang, Schwabe-Verlag, Muttenz (CH), S. 1674f.

Schäffer, U. u. a. (2008): Einführung in das Controlling, 12. Auflg., Schäffer-Poeschel-Verlag, Stuttgart.

Schlichting, R. (2008): Health-Target-Costing-System, in: Professional Process – Zeitschrift für modernes Prozessmanagement im Gesundheitswesen, 1. Jahrg. September 2008, GIT-Verlag, S. 4f.

Städtisches Klinikum München GmbH: Aufsichtsrat; http://www.klinikum-muenchen.de/unternehmen/aufsichtsrat/; Abfrage: 22.02.2011.

Statistisches Bundesamt: Kennzahlen zum Thema Gesundheit, http://www.statistischesbundesamt.de/, Abfrage: 04.12.2010.

Strahlenschutzverordnung (StrlSchV) vom 20. Juli 2001 (BGBl. I S. 1714; 2002 I S. 1459), zuletzt durch Artikel 2 des Gesetzes vom 29. August 2008 (BGBl. I S. 1793) geändert.

Technische Regeln für Biologische Arbeitsstoffe im Gesundheitswesen und in der Wohlfahrtspflege (TRBA 250), Ausgabe: November 2003, Änderung und Ergänzung Juli 2006, (Bundesarbeitsblatt 7-2006, S. 193), Ergänzung April 2007, GMBl Nr. 35 v. 27. Juli 2007, S. 720, Änderung und Ergänzung November 2007, GMBl Nr.4 v. 14.02.2008, S. 83.

Technische Regeln für Gefahrstoffe (TRGS 555), Ausgabe: Februar 2008, geändert und ergänzt: GMBl Nr. 28 S. 608 (v. 2.7.2009).

Treml, M. (2009): Controlling immaterieller Ressourcen im Krankenhaus - Handhabung und Konsequenz von Intangibles in Einrichtungen des stationären Gesundheitswesens, Gabler-Verlag, Wiesbaden.

Universitätsklinikum Aachen (2009): Arbeitsschutz im Krankenhaus - Informationen für Mitarbeiterinnen und Mitarbeiter im Universitätsklinikum Aachen, Broschüre, Stand: 12. Januar 2009, Aachen, S. 4ff.

Universitätsklinikum Heidelberg: Aufgabenschwerpunkte der Stabsstelle QM/MC im Bereich Medizincontrolling, http://www.klinikum.uni-heidelberg.de/Medizincontrolling.1774.0.html; Abfrage: 06.12.2010.

Universitätsklinikum Heidelberg: Institut für Medizinische Psychologie – Bisherige Schwerpunkte – Künftige Perspektiven, http://www.klinikum.uni-heidelberg.de/Wir-ueber-uns.2634.0.html; Abfrage: 13.12.2010.

von Werder, A. u. a. (2006): Organisations-Controlling, Gabler-Verlag, Wiesbaden .

Zapp, W. (Hrsg.) (2010): Kennzahlen im Krankenhaus, Eul-Verlag, Lohmar 2010.

Zapp, W. u. a. (2009): Controlling-Instrumente für Krankenhäuser, Kohlhammer-Verlag, Stuttgart.

# Stichwortverzeichnis